राष्ट्रपिता और भगत सिंह

दो सच्चे महामानवों की समानान्तर ऐतिहासिक गाथा

राष्ट्रपिता और भगत सिंह

दो सच्चे महामानवों की समानान्तर ऐतिहासिक गाथा

सुजाता

वाणी प्रकाशन

वाणी प्रकाशन

4695, 21-ए, दरियागंज, नयी दिल्ली 110 002

फ़ोन : +91 11 23273167 फ़ैक्स : +91 11 23275710

शाखाएँ

अशोक राजपथ, पटना 800 004, बिहार

कॉफ़ी हाउस कैम्पस, महात्मा गाँधी मार्ग, इलाहाबाद 211 001, उत्तर प्रदेश

महात्मा गाँधी अन्तरराष्ट्रीय हिन्दी विश्वविद्यालय, वर्धा 442 001, महाराष्ट्र

www.vaniprakashan.in
marketing@vaniprakashan.in
sales@vaniprakashan.in

RASHTRAPITA AUR BHAGAT SINGH
by Sujata

ISBN : 978-93-88684-29-3
History/Non-Fiction

प्रथम संस्करण 2019

मूल्य : ₹ 150

सिटी प्रेस, दिल्ली-110 095 में मुद्रित

वाणी प्रकाशन का लोगो मक़बूल फ़िदा हुसेन की कूची से

भूमिका

शहीदे आजम भगत सिंह को फाँसी क्यों दी गयी? कब दी गयी? उनकी विचारधारा क्या थी? ऐसी ढेर सारी बातें बहुत लोगों को नहीं मालूम पर यह पता है कि भगत सिंह की फाँसी की सज़ा को महात्मा गाँधी चाहते तो रुकवा सकते थे लेकिन उन्होंने नहीं रुकवाया...।

महत्वपूर्ण सवाल यह उठता है कि किन तत्त्वों ने इस गलत बात को इतना प्रचारित और प्रसारित किया? अंग्रेज़ी हुकूमत को भी शायद इतना पता नहीं होगा कि उसकी साज़िश इतनी शानदार सफलता को प्राप्त करेगी, जितनी हुई। यहीं नहीं, आज भी उसके साज़िश की दुर्गन्ध फल–फूल रही है, यह स्पष्ट दिखाई दे रहा है। भगत सिंह की फाँसी माफ़ कराने हेतु महात्मा गाँधी की अपील पर अंग्रेज़ों के द्वारा ऐसी रणनीति का बनाना कि अवाम को लगे फाँसी रुक जायेगी, और अचानक समय से पहले ही कराची अधिवेशन प्रारम्भ होने के दो दिन पहले फाँसी देने के कृत्य के पीछे एकमात्र मकसद तो यही नज़र आता है कि उसे कांग्रेस में विद्रोह की सम्भावना दिखाई दे रही थी और महात्मा गाँधी के प्रति नवयुवको के बीच उपेक्षा, घृणा या उदासीनता की सम्भावना भी दिख रही थी। इस बात को सुभाषचन्द्र बोस ने भी महसूस किया है जिसका संकेत उन्होंने अपनी पुस्तक 'भारत का स्वाधीनता संघर्ष' में किया है।

अंग्रेज़ों को गुप्तचर एजेंसियों से पता चला कि यदि भगत सिंह को फाँसी दे दी जाये, और चूँकि पूर्ण रूप से अहिंसक आन्दोलनकारी होने के चलते महात्मा गाँधी हिंसक आन्दोलन का खुलकर पक्ष नहीं ले पायेंगे, तो इससे युवाओं में आक्रोश उभरेगा और वे कांग्रेस और उनके नेतृत्व गाँधी जी से अलग हो जायेंगे। इसका असर भारत के स्वतन्त्रता आन्दोलन पर पड़े बिना नहीं रहेगा...।

पर शुक्र है उस समय भारतीय जनता ने अंग्रेज़ी साम्राज्यवादी चाल

को विफल कर दिया...। कुछ नवयुवकों ने आक्रोश में आकर काले झण्डे के साथ प्रदर्शन अवश्य किया...पर उसके बाद हिंसक आन्दोलन का ही अन्त हो गया। बहुतेरे क्रान्तिकारियों से महात्मा गाँधी ने जेल से लेकर आश्रम तक अकेले एवं सामूहिक मुलाक़ातें कीं तथा उन्हें अहिंसा के मार्ग पर चलने के लिए प्रेरित किया और प्रेरित होकर जेल से निकलने के बाद महात्मा गाँधी की अगुवाई में उन्होंने स्वतन्त्रता आन्दोलन की अहिंसक लड़ाई में अपनी भूमिका का निर्वाह किया।

यह सच है कि अपने जीवन में पहली बार अंग्रेज़ी हुकूमत से भगत सिंह की सज़ा को ही कम करने के लिए कहने वाले गाँधी जी की बात यदि अंग्रेज़ी हुकूमत द्वारा मान ली गयी होती तो इससे सबसे अधिक यदि किसी को लाभ होता तो महात्मा गाँधी को होता..., किसी की सबसे बड़ी विजय होती तो महात्मा गाँधी की ही होती, उनकी अहिंसा की होती...। बहुत सारे क्रान्तिकारियों ने उनसे यह वादा किया था कि अगर भगत सिंह को फाँसी की सज़ा नहीं दी जायेगी तो वे लोग हिंसक आन्दोलन के रास्ते का त्याग कर देंगे। क्रान्तिकारियों के इस वादे से महात्मा गाँधी काफ़ी आशान्वित थे।

पर अंग्रेज़ी हुकूमत ऐसा क्यों चाहती...? वह तो अहंकार में डूबी हुई साम्राज्यवादी सत्ता थी कि जिसकी बुनियाद ही इस पर टिकी थीं कि बाँटो और राज करो। भगत सिंह, सुखदेव और राजगुरु के पहले भी न जाने कितने देशभक्तों के गले को फाँसी अपने फन्दे का हार पहना चुकी थी तो वह इनके मामले में क्यों सहृदयता दिखाती? उसने तो एक तीर से दो नहीं अनेक शिकार करने की कोशिश की जिसमें कुछ में ही सफलता मिल पायी।

एक और बात है जिसे वर्तमान समय में प्रासंगिक बनाये जाने की कोशिश की जा रही है कि भगत सिंह के द्वारा किये गये हिंसक आन्दोलन को आतंकवादी अपना प्रेरक तत्त्व एवं अपने आन्दोलन का समानार्थी मानते हैं।

जनरल ए. एस. वैद्य की हत्या के आरोपी हरजिन्दर सिंह और सुखजिन्दर सिंह ने भी यह प्रश्न उठाया था–'किस आधार पर उन्हें आतंकवादी और भगत सिंह को क्रान्तिकारी कहा गया? भगत सिंह ने भी शेर–ए–पंजाब लाला लाजपतराय की अंग्रेज़ों द्वारा नृशंस हत्या का बदला लिया था और इन लोगों ने भी जनरल वैद्य द्वारा सन् 1984 में स्वर्ण

मन्दिर पर की गयी कार्यवाही की भूमिका तैयार करने का बदला लिया...।

यह सिर्फ़ एक उदाहरण है...ऐसे ढेर सारे लोग हैं, संगठन हैं जिन्होंने अपने धर्म, जाति और क्षेत्र के नाम पर संगठन बना रखा है और उसके हित में जान लेने और देने के लिए सहर्ष तैयार ही नहीं रहते बल्कि दे भी देते हैं और सब का यही दावा भी है कि उन्होंने अपने कौम, देश, वर्ग और जाति की सेवा की है। मरने वालों को शहीद की उपाधि भी दी जाती है ताकि आगे भी उस हिंसक कृत्य में शामिल होने के लिए लोगों के सामने कोई बड़ा प्रलोभन हो। 'शहीद' शब्द में कोई कम ताक़त तो है नहीं।

और यही कारण था कि महात्मा गाँधी बराबर कहते रहे कि भगत सिंह की देशभक्ति में कोई कमी नहीं पर उनका रास्ता गलत है। भले ही इसके लिए महात्मा गाँधी को गालियाँ भी सुननी पड़ीं पर वे जानते थे कि यदि इनके कार्य करने की शैली की प्रशंसा की जायेगी तो बहुत सारे भोले–भाले निर्दोष और अबोध किशोर हिंसा के इस दलदल में फँस जायेंगे।

यहाँ तक कि जवाहरलाल नेहरू ने भी, जिनके बारे में सुभाषचन्द्र बोस ने लिखा है कि "उस समय जवाहरलाल गाँधी के बाद सबसे लोकप्रिय नेता थे, नवयुवकों में तो गाँधी से भी अधिक...लोकप्रिय," जब हिंसक आन्दोलनकारियों का महिमामण्डन किया तो महात्मा गाँधी ने अपनी असहमति जताई कि 'इससे नवयुवकों में हिंसा का सन्देश जायेगा। यह देशहित और उनके हित में भी नहीं होगा...।' आन्दोलनकारियों को महिमा मण्डित करने के कारण ही जवाहरलाल नेहरू को भी दो वर्ष की क़ैद की भी सज़ा दी गयी थी।

आज इतने सालों के बाद हमारे सामने सारे परिदृश्य स्पष्ट हैं। हम देख रहे हैं अपने सामने इतिहास और वर्त्तमान को...। हमने देखा है अपनी आँखों से अहिंसा के रास्ते पर चलकर गाँधी के नेतृत्व में देश को आज़ादी मिली जिसे हिंसक आन्दोलनकारी असम्भव मानते थे।

और आज के इस दौर में हम यह भी देख रहे हैं कि कैसे अलग–अलग धर्म, क्षेत्र, वर्ग और जातीय हिंसक आतंकवाद को शहीद का दर्जा दिया जा रहा है। इस समय अपने हाथ में लाठी टेके गाँधी अविचलित रूप से एकमात्र आशा की किरण के रूप में दिखाई देते हैं। उस युग द्रष्टा ने पहले ही इन सब बातों को देख लिया था और महसूस कर लिया था, इसी से अकेला डटा रहा हिंसा के रास्ते के ख़िलाफ़...।

आज तक किसी भी व्यक्ति को, जिसकी गाँधी में आस्था है, कभी

भी भगत सिंह की निन्दा करते नहीं सुना...पर वे कौन से तत्त्व हैं जिन्हें भगत सिंह की महिमा को गाने के लिए महात्मा गाँधी को गाली देना आवश्यक लगता है? विचारधारा में भिन्नता रखना एक स्वाभाविक प्रक्रिया हो सकती है पर एक महान देशभक्त व्यक्ति को प्रतिष्ठित करने के लिए दूसरे महान देशभक्त को गाली देने की विचारधारा का पोषण करने वाले तत्त्व की समझदारी समझ से परे है।

बहुत मुश्किल से महावीर बुद्ध के बाद हमारे देश को महात्मा गाँधी जैसा एक व्यक्ति मिला जिसे उसके दुश्मन भी सत्य के अवयवों से निर्मित मानव मानते रहे हैं। जिसमें ईसाई को ईसा और सन्त फ्रांसीसी दिखते थे..., जिसमें किसी को सुकरात दिखता था, बौद्धों को बुद्ध दिखते थे। पर साल दर साल ग़ुलामी की बेड़ियों में जकड़े रहने के कारण हमारे मन–मस्तिष्क इतने कुन्द हो गये कि हम अपनी ही धरोहर को, अपनी ही अनमोल कृति को सँजोकर सँभाल कर रखने लायक भी नहीं बन पाये।

साम्राज्यवादियों की लगाई गयी आग की लपटें इतने दिनों के बाद भी ठण्डी नहीं हो पायीं। आज भी वह सात समन्दर पार स्वयं बन्दर बना हुआ हमें बिल्ली बनकर लड़ते हुए देख रहा है और जैसे बन्दर सारी रोटी खा गया था वैसे ही एक दिन वह महात्मा गाँधी को भी हथिया लेगा यह कह कर कि यह ऐसी कौम है जिसने पूरी ज़िन्दगी इनकी सेवा में लगाने वाले की सिर्फ़ हत्या ही नहीं की बल्कि आज भी शर्मिन्दा होने और पश्चात्ताप की जगह गालियाँ दे रहा है।

सुजाता

एक इक्कीस साल का नौजवान आँखों में मीठे सपने लिए हुए, आदर्शवाद की पीठ पर सवार जब भारत माँ की आज़ादी के बारे में सोचता है तो उसकी बुझी आँखों में ख़ून उतर आता है। कभी वही ख़ून गर्म होकर उसके शरीर की हर एक धमनी में तेज़ी से फैलने लगता है और वह महसूस करने लगता है, जैसे उसका पूरा शरीर एक दहकता हुआ अंगारा बन गया हो। उसका मन नहीं करता इससे दहकती आग को ठण्डा करने का...। हालाँकि उसको हिंसा से प्रेम नहीं, वह आतंकवादी नहीं कि निर्दोष लोगों को मारकर आनन्द लूटना चाहता है। पर उसका मन करता है उन सारे अंग्रेज़ों को मार दे जिसने उसके देश को ग़ुलाम बनाकर क्रूरता की सारी हदें पार कर दी हैं...।

और एक दिन वह नौजवान अपने सब्र की सीमा में नहीं रह पाता है जब अपनी आँखों से देखता है स्वतन्त्रता संग्राम के वरिष्ठ नेता को एक अंग्रेज़ की लाठियाँ खाकर गिरते हुए। कुछ ही दिन बाद लाठियों की चोट की वजह से उस वरिष्ठ स्वतन्त्रता सेनानी की मृत्यु हो जाती है। हालाँकि उस वरिष्ठ स्वतन्त्रता सेनानी से इस नवयुवक को काफ़ी मतभेद रहता है, पर इससे क्या? सवाल था भारत माँ की इज़्ज़त का..., अभी उनकी इज़्जत से बँधी थी...देश की इज़्ज़त...। पहले हर वक़्त गर्म होकर बहने वाला लहू कभी–कभी प्रेम और कोमल भावना में संचारित होकर बर्फ़ बनकर पिघलता भी था और रंगीन ख़्वाब भी सजाता था। यह प्रकृति के विधान के अनुरूप ही था कि मन में आकर्षण का स्फुरण हो। कोमल भावुक मन किसी का होना भी चाहता था किन्तु सामने बेबस ज़ंज़ीरों में जकड़ी भारत माँ को देखकर उन सारी भावनाओं को उनके चरणों पर समर्पण के लिए सोचा करता था परन्तु निर्णायक घड़ी तब आयी जब उस महान स्वतन्त्रता सेनानी को रक्तरंजित होकर ज़मीन पर गिरते देखा। और उस पर से अंग्रेज़ पुलिस की लाठियों की मार...। नहीं हटा

पाता एक मिनट के लिए भी अपनी आँखों के सामने से यह दृश्य...और एक दिन ख़ून इतना उबाल मारने लगता है कि नहीं रोक पाता है अपने आपको और चल देता है उस पुलिस अफ़सर को गोलियों से भूनने...। पर उस पुलिस अधिकारी की जगह गोली मार देता है दूसरे अधिकारी को...। क्या फ़र्क़ पड़ता है? वह भी एक अंग्रेज़ ही था। पर उसे मारकर जब आगे बढ़ता है तो एक गोली का शिकार एक भारतीय सिपाही भी हो जाता है... गोली कहाँ भेद करती है अंग्रेज़ और हिन्दुस्तानी में...। गोली मारकर वह नौजवान फरार हो जाता है और लोग उसे अपना हीरो मान लेते हैं...और उसी हीरो को जब अंग्रेज़ी हुकूमत फाँसी की सज़ा देती है तो देश के बूढ़ों से लेकर नौजवान तक इस नौजवान की जय–जयकार से आकाश को गुंजायमान कर देते हैं...।

पर एक बूढ़ा है जो यह मानता है कि यह नौजवान देशभक्त तो है पर उसने एक गुमराह रास्ते को चुना है। इस कारण वह उस जय–जयकार में साथ नहीं देता...। यह भी एक अलग किस्म का इनसान है पूरी दुनिया में कोई इसे ईसा कहता है तो कोई बुद्ध–कोई इसे सन्त फ्रांसीसी कहता है तो कोई सुकरात...। जी हाँ, जब भारत के अधिकतर हिस्से में लोग भावावेश में थे और जय–जयकार लगा रहे थे, भारत का यह ईसा चुपचाप खड़ा था...हाँ, वह दुखी था पर उत्तेजित नहीं था, आक्रोशित नहीं था। इसी से उत्तेजित नहीं था, इसी से आक्रोशित नहीं था क्योंकि वह महात्मा था...हाँ, महात्मा गाँधी और वह नवयुवक था भगत सिंह... शहीदे आजम भगत सिंह...।

भगत सिंह ने पन्द्रह साल की उम्र में देखा था भारत में महात्मा गाँधी का असहयोग आन्दोलन जिसमें पूरा हिन्दुस्तान आन्दोलित हो रहा था। भगत सिंह के पिता सरदार किशन सिंह भी कांग्रेस के सदस्य बनकर उस असहयोग आन्दोलन का हिस्सा बने हुए थे। असहयोग की नीति को पूरे भारत का समर्थन प्राप्त था। कांग्रेस की कार्य समिति में इस बात का ऐलान किया गया कि यह आन्दोलन सशस्त्र क्रान्ति से कम शक्तिशाली तो है ही नहीं, मानवता के पक्ष से और भी अधिक ऊँचे दर्जे का है। कांग्रेस ने यह भी निर्देश दिया कि अहिंसा–नीति में समुचित रूप से जनता के दीक्षित होते ही आन्दोलन प्रारम्भ किया जायेगा। हालाँकि कुछ लोगों का मत यह भी था कि यथाशीघ्र सम्पूर्ण स्वाधीनता प्राप्त कर सकें इसके लिए हिंसात्मक नीति ग्रहण करने के बारे में भी सोचना चाहिए... पर उसे अमान्य कर दिया गया।

देखते ही देखते चालीस हज़ार स्त्री–पुरुष जेल के अन्दर चले गये

और उनके पीछे और भी हज़ारों हज़ार आदमी थे जो अपने विश्वास का प्रदर्शन करने के लिए ठीक मुहूर्त की प्रतीक्षा कर रहे थे। महात्मा गाँधी ने एक बार फिर सविनय अवज्ञा का फरमान देते हुए लॉर्ड रीडिंग को सात दिन का समय दिया, जिसके अन्दर 'सरकार को अपनी नीति में परिवर्तन करना होगा और यदि सरकार ने ऐसा नहीं किया तो विद्रोह फूट पड़ेगा—आदेश दिया जा चुका है।'

भगत सिंह के घर में भी चहल—पहल बढ़ गयी थी। उनके पिता भी कमर कसे बैठे थे कि अब कूद पड़ना है सविनय अवज्ञा में अपने नेता की एक आवाज़ पर...। मन के अन्दर जोश था, जज़्बा था और उस जोश और जज़्बे को देख रहे थे किशोर भगत सिंह...। उनकी भी नसें फड़क रही थीं। उस समय भगत सिंह नवम वर्ग के विद्यार्थी थे...पूरे देश में विद्यार्थियों में अपनी पढ़ाई छोड़ने की होड़ लग रही थी। वकीलों ने वकालत छोड़ दी, डॉक्टरों ने अपने दवाखाने बन्द कर दिये तो न जाने कितने प्रशासनिक अधिकारियों ने नौकरी छोड़ दी। सब गाँधी के पीछे हो गये। विदेशी चीज़ों का वायकॉट किया गया। लंकाशायर और बर्मिंघम से आने वाले कपड़े को रोकने के लिए आम जनता के बीच कपड़ों के थान के थान जलाये गये। महात्मा गाँधी का मानना था कि विदेशी कपड़ों से प्यार ही विदेशी राज लाने का आधार है। महात्मा गाँधी चाहते थे कि अंग्रेज़ एक ऐसी नीति की घोषणा करें जिसके चलते पूरे देश में अहिंसावादी कार्यवाही में किसी तरह की दखलन्दाज़ी न की जाय। सच पूछा जाय तो भारतीयों द्वारा अंग्रेज़ों के ख़िलाफ़ चलाई गयी अहिंसा की लड़ाई में असहयोग आन्दोलन सबसे बड़ी मुहिम थी।

और भगत सिंह ने भी अपना डी.ए.वी. स्कूल छोड़ दिया और लाहौर नेशनल कॉलेज में दाखिला ले लिया जो राष्ट्रीय संस्थाओं में से एक था...। इस तरह की संस्थाओं की स्थापना महात्मा गाँधी के तत्वावधान में देश के विभिन्न भागों में की गयी थी ताकि जो विद्यार्थी स्कूल—कॉलेजों को छोड़ कर असहयोग आन्दोलन में आयें वे यहाँ पढ़ सकें...। भगत सिंह की भी पढ़ाई यहाँ चलती रही...।

पर यह क्या? असहयोग...आन्दोलन को वापस ले लिया गया...महात्मा गाँधी ने आन्दोलन वापस लेने का आह्वान कर दिया...पूरा देश अवाक् रह गया। कोई नहीं समझ सका क्या हुआ...न गाँधीवादी, न क्रान्तिकारी और न दिग्गज कांग्रेसी नेता...।

भगत सिंह ने 1928 में इस विषय पर एक लेख भी लिखा था–

1928 में हिन्दुस्तान में फिर प्राण धड़कते नज़र आने लगे हैं। एक ओर हड़तालों का ज़ोर है और दूसरी ओर सत्याग्रह की तैयारियाँ शुरू हो रही हैं। यह लक्षण बड़े अच्छे हैं। सबसे बड़ा सत्याग्रह बारदोली (गुजरात प्रान्त) के किसान कर रहे हैं। तीस सालों के बाद नया बन्दोबस्त किया जाता है और हर बार ज़मीन का लगान बढ़ा दिया जाता है। इसी तरह इस बार भी बन्दोबस्त हुआ और लगान बढ़ा दिया गया। लोग बेचारे क्या करें? गरीब किसान तो पहले ही पेट भरकर रोटी नहीं खा सकते और वे पहले से 22 प्रतिशत बढ़ा लगान कहाँ से दें? सत्याग्रह की तैयारियाँ की गयीं। महात्मा गाँधी ने लाट पंजाब के साथ पत्र–व्यवहार कर लगान कम करवाने का यत्न किया था, लेकिन जनाब, सिर्फ़ पत्र–व्यवहार से सिर झुकाने वाली सरकार यह नहीं है। कुछ असर न हुआ। सत्याग्रह करना ही पड़ा। गुजरात में पहले भी किसान एक–दो बार बड़ा भारी सत्याग्रह करके सरकार को हरा चुके हैं। पहले–पहल 1917–18 में बारिश अधिक होने से फ़सलें ख़राब हो गयी थीं और रुपये में चार आना भी नहीं हुई। क़ानून यह था कि रुपये में छह आने से कम फ़सल होने से उस साल लगान न लिया जाये, अगले वर्ष एक साथ ले लिया जाये। उस साल लोगों ने जब कहा कि चार आने भी फ़सल नहीं हुई तो सरकार नहीं मानी। फिर महात्मा गाँधी जी ने काम हाथ में ले लिया। एक सभा की। लोगों को बताया कि यदि आप लगान देने से इनकार करोगे तो आपकी जायदाद ज़ब्त हो जायेगी, क्या आप तैयार हैं? लोग चुपचाप बैठे रहे तो बम्बई के सत्याग्रही नेता इस बात पर बड़े नाराज़ हुए और चल दिये। लेकिन फिर एक बूढ़ा किसान उठा और उसने कहा कि हम सब कुछ सहन करेंगे। और बाद में सभी लोग यही कहने लगे। सत्याग्रह शुरू हुआ। सरकार ने भी जायदाद और, ज़मीन ज़ब्त करना शुरू कर दिया, लेकिन दो महीने बाद सरकार ने सिर झुका दिया और ज़मींदारों की शर्त मान ली।

दूसरी बार जब महात्मा जी 1923–24 में जेल में थे तब सत्याग्रह हुआ। पहली बार 600 गाँवों ने हिस्सा लिया था। इस बार 94 गाँवों का लगान बढ़ाया और इन गाँवों ने सत्याग्रह किया। उन पर ताजीरी टैक्स लगाया गया था। वहाँ नियम था कि सूर्यास्त होने पर जायदाद कुर्क नहीं हो सकती थी और किसान सवेरे ही अपने–अपने घरों को ताले लगाकर चले जाते और पुलिस को कोई गवाह तक न मिलता। अधिक तंग आकर सरकार ने टैक्स

वापस ले लिया। इस बार बारदोली में सत्याग्रह शुरू हुआ है। बारदोली में 1921–22 में आज़ादी के लिए बड़ा भारी सत्याग्रह करने की तैयारियाँ की गयी थीं। सब किस्मत के खेल। बना–बनाया खेल बिगड़ गया। ख़ैर, उन पिछली बातों का क्या करना? अब उस इलाके का बन्दोबस्त सरकार ने किया। बेचारे किसानों की मुसीबत, अच्छा बन्दोबस्त हुआ, 22 प्रतिशत लगान बढ़ गया। बहुत कहा गया लेकिन सरकार कब मानती है? श्री बल्लभ भाई पटेल के नेतृत्व में काम शुरू हो गया और किसानों ने लगान देने से मना कर दिया। अब ज़ब्ती अधिकारी और सारे ही अफ़सर बारदोली ताल्लुके की ओर इकट्ठे हुए हैं। जो उनसे हो सकता है; लोगों को गलत रास्ते पर डालने के लिए कर रहे हैं। जायदाद ज़ब्त की जा रही है, ज़मीनें ज़ब्त करने के हुक्म जारी हो रहे हैं। लेकिन माल, सामान उठाने के लिए आदमी नहीं मिलते। इस समय काम वहाँ ज़ोरों पर है, लेकिन एक मज़े की बात यह है कि सारा काम बड़ी शान्ति से हो रहा है। वे अफ़सर, जो लोगों को तंग करने आये थे, उनके साथ बड़े प्यार का व्यवहार किया जाता है। पहले उन्हें रोटी–पानी नहीं मिलता था, अब पटेल ने कहा कि उन्हें रोटी–पानी ज़रूर दे दिया करो। एक दिन शराब की दुकान से चार टिन कुर्क किये गये, लेकिन उठाने वाला कोई न मिला। जब अधिकारी ने कहा, 'बड़ी प्यास लगी है, पानी तो दो,' तो झट एक सेवादार सत्याग्रही ने सोडे की बोतल लाकर पिलाई। इस तरह काम बड़े ज़ोरों से, पूरी शान्ति से चल रहा है। बड़ी उम्मीद है कि सरकार को आख़िर झुकना पड़ेगा।

ऐसे समय में महात्मा गाँधी के असहयोग आन्दोलन को वापस ले लेने को भला एक पन्द्रह साल का मासूम क्या समझता...। वह भी अवाक रह गया, सुनता रहा लोगों की बातें...। अपने भावा जी की बातें...जो स्वयं परेशान थे कि महात्मा जी ने यह क्या किया?

महात्मा गाँधी ने चौरी–चौरा काण्ड के बाद असहयोग आन्दोलन को वापस ले लिया। दरअसल चौरी–चौरा में एक ऐसी घटना घट गयी जैसी इससे पहले कभी नहीं हुई थी। एक जुलूस में जा रहे लोगों पर पुलिस ने हमला कर दिया। जुलूस में भगदड़ मचना स्वाभाविक था। जनता बेक़ाबू हो गयी और बेक़ाबू होकर जनता ने भी पुलिस पर हमला कर दिया। पुलिस ने फिर गोलियाँ चलाईं...गोलियाँ समाप्त हो गयी थीं। बेक़ाबू भीड़ को देखकर पुलिस घबरा गयी। उसने भागकर थाने के अन्दर किवाड़ लगाकर अपने को बन्द कर दिया...। बाहर गुस्सा उबल रहा था। सामने

तीन लाशें पड़ी थीं...और अन्दर तेईस पुलिसकर्मी बन्द थे। गुस्से में भीड़ ने थाने में आग लगा दी जिसमें सारे पुलिसकर्मी ज़िन्दा जलकर राख हो गये...। वे दया की भीख माँगते रहे पर ऐसी अवस्था में अपनी उत्तेजना, अपने आक्रोश पर क़ाबू रखना कोई आसान काम तो था नहीं तो जनता कैसे अपने आप पर क़ाबू रखती...।

भारत देश में जिसने भी सुना इस घटना के लिए जनता को शाबाशी दी। शान्तिप्रिय लोगों का भी कहना था आख़िर और क्या उपाय था? भीड़ का आक्रोशित होना क्या स्वाभाविक नहीं था? क्या पुलिस ने अकारण निर्दोष लोगों को नहीं मारा? कुछ लोगों ने एक–दूसरे से सवाल किया। क्या यह गलत हुआ? पर महात्मा गाँधी भी क्या करते? वे तो अहिंसा के पाँच तन्तुओं से बने हुए थे और पिछले बीस वर्षों से, अपने अहिंसात्मक संघर्ष की पतवार को खेते हुए अंग्रेज़ी हुकूमत से लोहा ले रहे थे। इतना ही नहीं, अहिंसा और सत्य की अपनी शक्ति के बल पर उन्होंने न केवल कड़ी टक्कर दी बल्कि उस ब्रिटिश साम्राज्यवादी को शिकस्त भी दिया जिसे इस बात का अहंकार था कि उसकी शासन व्यवस्था में सूरज अस्त नहीं होता है।

परन्तु किसी की समझ में यह बात नहीं आयी कि चौरी–चौरा की अकेली घटना की वजह से महात्मा जी ने देश भर में चल रहे आन्दोलन को क्यों बन्द कर दिया?

ठीक उसी समय पीछे हटने का फरमान जारी किया गया जबकि जनता का आक्रोश चरम सीमा पर था और सभी लोगों को ऐसा लग रहा था कि अभी की स्थिति सविनय अवज्ञा आन्दोलन की सफलता के लिए अत्यन्त अनुकूल थी...। यह बात सिर्फ़ क्रान्तिकारी नौजवान ही नहीं सोच रहे थे बल्कि महात्मा जी के सहायक देशबन्धु चितरंजनदास, पंडित मोतीलाल नेहरू, लाला लाजपत राय तथा उनके प्रिय जवाहर और सुभाष भी सोच रहे थे।

भगत सिंह का किशोर मन भी यह सोच रहा था कि चौरी–चौरा काण्ड को अंजाम देने का काम किसी क्रान्तिकारी का नहीं हो सकता क्योंकि इस तरह का काम क्रान्तिकारी नहीं कर सकते। यह कृत्य दंगा भड़काने वालों के सिवा किसी और का नहीं। ऐसी मनोदशा में भगत सिंह सोच रहे थे क्या गाँधी के निर्णय को सही माना जाय? क्या असहयोग आन्दोलन वापस लेने से भारतीयों की धधकती हुई आग की ललकार पर पानी नहीं फिर गया...? अन्य लोगों की तरह भगत सिंह को भी लग

रहा था बस अब अंग्रेज़ घुटने टेकने ही वाले थे, और इतने बड़े मौक़े को महात्मा गाँधी के कारण देश ने खो दिया।

भगत सिंह को लग रहा था कि इतनी स्पष्ट बात थी जिसे समझना कहाँ मुश्किल था। आख़िर गाँव वालों ने बदला क्यों लिया? उन्हें बदला लेने की इस हद पर लाकर खड़ा किया भी तो उसी ब्रिटिश हुकूमत ने...।

भगत सिंह ने अपने भापा जी से कह ही दिया–'भापा जी, वह न तो महात्मा गाँधी की सियासी चालों को समझ पाते हैं और न उनकी नैतिक पहुँच को, जिसने एक ही झटके से असहयोग आन्दोलन के टुकड़े–टुकड़े कर डाले।'

सरदार किशन सिंह जी अपने किशोर पुत्र भगत सिंह को समझाते हुए बोले, 'वे हमारे नेता हैं और वो ही व्यक्ति हैं जिन्होंने भारत के गाँव गाँव तक में रहने वाले ग्रामीणों के मन में स्वतन्त्रता की जोत जलाई है...।'

–मानता हूँ भापा जी पर इस असहयोग आन्दोलन के नाम पर भारतीय जनता का इतना बड़ा समूह इस कदर इकट्ठा हो गया। इतने बड़े आन्दोलन को अचानक यूँ ही रोक देना क्या आन्दोलन के लिए नुक़सान देह नहीं है? क्या अब जनता कभी इस तरह एकजुट होकर खड़ी हो पायेगी? निराश जनता पर अब क्या किसी अपील का असर इस कदर पड़ेगा? भगत सिंह की वाणी में चिन्ता थी।

–पर बेटा, गाँधी जी अहिंसात्मक ढंग से लड़ाई चाहते हैं...।

–कैसी अहिंसात्मक लड़ाई भापा जी? आप ही बताइए किस मुल्क में..., दुनिया के किस कोने में आज तक बिना हिंसा के आज़ादी मिली है? जब आज तक नहीं मिली है तो अब कैसे मिल सकती है...? वह भी अंग्रेज़ों से? जो इतने अधिक अत्याचारी हैं? आप ही सोचो भापा जी, जो लोग बाहर से आकर हम पर राज कर रहे है, उनको हराना कोई बच्चों का खेल है? जो वे अहिंसा से मान जायेंगे...।

–दक्षिण अफ्रीका से लेकर बिहार के चम्पारण और बारडोली में महात्मा गाँधी अहिंसात्मक लड़ाई जीत चुके हैं..., किशनलाल जी उन्हें समझाने की कोशिश कर रहे थे।

–कुछ भी कहो, भापा जी हमें इस हद तक अहिंसा पर जिसकी बात गाँधी जी करते हैं, बिल्कुल भरोसा नहीं...। हाँ, मैं यह मानता हूँ कि वे एक अच्छे दिल के सच्चे व्यक्ति हैं, सन्त हैं पर अभी ऐसे व्यक्ति की

ज़रूरत नहीं जो दूसरों का भला सोचने में अपने देश के आन्दोलन को ठप्प कर दे...।

—यह मत भूलो बेटा कि आज जो देश में इतनी जागृति है चाहे मुझमें हो या तुममें... या और लोगों में उसमें गाँधी के योगदान को झुठलाया नहीं जा सकता।

—हरगिज नहीं, भुला सकता। अगर मैं असहयोग आन्दोलन से पूरे देश को झकझोरकर इतनी बड़ी तादाद में जगाने के लिए महात्मा के आगे सिर नहीं झुकाऊँगा तो मेरे जैसा अहसान फ़रामोश कौन होगा...?

—तो फिर तुम्हारी कठिनाई क्या है...? सरदार किशन सिंह ने अपने माथे पर बल लाते हुए कहा।

—उनकी सोच... मुझे कठिनाई में डालती है। सभी क्रान्तिकारी महात्मा जी की इज़्ज़त करते हैं पर उनके रास्ते पर चलना नहीं चाहते हैं। आप ही कहें भापा कौन नौजवान अपने दुश्मन से पिटता रहेगा और अपना हाथ नहीं उठाएगा...यह काम कर सकना क्या आसान है?

सरदार किशन सिंह चुप हो गये, क्या जवाब देते? सचमुच यह आसान काम तो नहीं ही है...पर चौरी—चौरा में पहल तो पुलिस की ओर से हुई थी और उस हत्याकाण्ड में असहयोगी स्वयं सेवकों ने कोई हिस्सा नहीं लिया था तो फिर इस मामले में गाँधी ने अपने को दोषी क्यों माना ...किशन सिंह जी धीरे—से बुदबुदाये।

—यदि बदला ही लिया तो क्या बुरा किया? बदला लेना कोई दब्बू सोच नहीं है, यह एक स्वाभाविक प्रक्रिया है। दर्द देने वालों के साथ हिंसात्मक व्यवहार ही करना चाहिए। बदला लेने की भावना से ग़ुलामों के मन की हीन भावना दूर होती है...। किशोर भगत सिंह ने बुजुर्गों की तरह अपना तर्क रखा।

सरदार किशन सिंह चुप ही रहे, कुछ भी नहीं कहा पर मन में हज़ारों बातें चलती रहीं।

पर सच्चाई तो यही थी कि सारे देश की आत्मा से पिरोकर महात्मा गाँधी इतने आत्मिक हो गये थे कि कोई भी भारतीय कोई दुष्कर्म करे तो वह आकर उनके हृदय में लगता था—अपने देशवासियों के समस्त पापों को उन्होंने अपने कन्धे पर ले लिया था। अभी—अभी तो उन्होंने वायसराय को आन्दोलन की चुनौती देने के लिए पत्र ही भेजा था और उसे वापस लेना कोई आसान काम नहीं था। किसी भी व्यक्ति का अहंकार क्या उसे

ऐसा करने देता? पर महात्मा गाँधी अहंकार को हमेशा शैतान मानते थे और शैतान की परवाह वे कैसे कर सकते थे?

महात्मा गाँधी ने असहयोग आन्दोलन वापस लेने के बाद घोषणा की–मेरे प्रति ईश्वर की कृपा का अन्त नहीं है। इस बार तीसरी बार उन्होंने मुझे बतलाया कि भारत में अभी अहिंसा और सत्य का वातावरण नहीं बना है। पर केवल अहिंसा और सत्य की नीति ही जनता के कानून–भंग आन्दोलन को सफल बना सकती है।

महात्मा गाँधी ने यह स्वीकार किया कि मैं जानता हूँ मैंने जो किया है शायद राजनीतिक दृष्टि से बुद्धिमानी का काम नहीं हो पर धर्म की दृष्टि से यही उचित है, युक्ति संगत है। बर्तन भरे दूध में एक बूँद ज़हर पड़ जाये तो वह सारे दूध को पीने के अयोग्य बना देता है और चौरी–चौरा काण्ड वही प्राण घातक विष है।

महात्मा गाँधी ब्रिटिश साम्राज्य की कुचाल को समझ रहे थे इसी से उन्होंने कहा–अंग्रेज़ी सरकार की तमाम उकसाहट के बावजूद जनता के कानून भंग आन्दोलन को हम शान्तिपूर्ण बनाये रख सकेंगे, जब तक हममें यह विश्वास दृढ़तापूर्वक नहीं आता, तब तक हम आन्दोलन आरम्भ करने की बात सोच भी नहीं सकते। इसके लिए यदि विरोधी हमें डरपोक कहेंगे तो कहें..., लोग हमें गलत समझना चाहें तो समझें, फिर भी मैं ईश्वर को धोखा नहीं दूँगा।

महात्मा गाँधी ने पाँच दिनों के लिए उपवास रखते हुए कहा–मुझे अपने आपको कुछ तो दण्ड देना ही होगा। साथ ही यह भी कहा–हमारा आन्दोलन हिंसा के मार्ग पर न जाये अथवा हिंसा का अग्रदूत न बन जाये इसके लिए मैं सब तरह का दण्ड सहने को तैयार हूँ और मैं सब तरह के अत्याचार, सम्पूर्ण निर्वासन, यहाँ तक कि मृत्यु को भी स्वीकार करने को तैयार हूँ...।

अब यह बात कैसे समझे किशोर भगत सिंह या कोई और। सुभाष बोस और जवाहरलाल, चाहे कोई क्रान्तिकारी हो या शान्तिवादी, किसी के पल्ले पड़ने का कहाँ सवाल था? सब के सब भौचक थे।

सच्चाई तो यही है कि मनुष्य की आध्यात्मिक प्रगति के इतिहास में ऐसे महिमान्वित वाक्यों को ठीक–ठीक समझ पाना कठिन है। इसका नैतिक मूल्य असाधारण है। पर भगत सिंह ने अपने भापा जी से कहा था–अभी अपने देश में नैतिक मूल्यों को असाधारण स्थिति में लाने की

ज़रूरत है या देश की आज़ादी पहली प्राथमिकता और अनिवार्य है। हाँ, जब शक्ति या ताक़त का इस्तेमाल बेजा काम के लिए किया जाये तो वह नैतिकता के दृष्टिकोण से ठीक नहीं परन्तु जब उसका इस्तेमाल सही काम के लिए किया जाये तो वह नैतिक न्याय कहलाता है।

पर महात्मा गाँधी की नैतिकता अलग थी। साध्य कितना भी श्रेष्ठतर हो, कितना भी नैतिक हो लेकिन अगर तरीक़ा गलत है, साधन गलत है तो साध्य कभी सही हो ही नहीं सकता...।

यह बात भी भगत सिंह के गले नहीं उतरती थी कि गलत तरीक़े से सही नतीजा नहीं निकल सकता। अभी भारत में सबसे पहली आवश्यकता है आज़ादी की और **यदि** यह हिंसा से मिलती है तो क्यों न लें हम आज़ादी? यही हालत रही तो कौन साथ रह जायेगा इनके साथ...? शायद कोई नहीं, भगत सिंह ने कहा।

पर महात्मा गाँधी भी कहाँ मानने वाले थे, अपनी बात लोगों तक पहुँचा दी इन शब्दों में...'मैं ऐसे ही आगे भी करता रहूँगा। जब भी लोगों के द्वारा गलती होगी, मैं उसे अपनी गलती मान कर स्वीकार करूँगा। मैंने जिस एकमात्र स्वेच्छाचारी की अधीनता स्वीकार की है, वह है अन्तर का नीरव सामान्य स्वर...। साथ ही मुझमें यह विनयपूर्वक विश्वास भी है कि मेरे समर्थकों की संख्या कम होते–होते अगर एक भी रह जाये तो उस असहाय अवस्था को स्वीकार करने का साहस मुझमें है। एकमात्र यही मेरे लिए सत्य का मार्ग है।'

लेकिन आश्चर्य, चौरी–चौरा काण्ड के बाद असहयोग आन्दोलन की वापसी लेने के साथ ही महात्मा गाँधी की गिरफ़्तारी हो गयी और उन्हें छह वर्षों के लिए कारावास की सज़ा सुना दी गयी...।

पूरा भारत किंकर्त्तव्यविमूढ़ था कि अहिंसक गाँधी को सज़ा तब क्यों दी जा रही है जब असहयोग आन्दोलन वापस लिया जा चुका है...? क्रान्तिकारियों का ख़ून खौल रहा था। वे अपना सिर धुन रहे थे और झुँझलाकर आपस में बातें कर रहे थे–'महात्मा जी हृदय परिवर्तन चाहते हैं, लेकिन बालू से तेल निकालना जिस प्रकार असम्भव है, उसी प्रकार असम्भव है अंग्रेज़ों का हृदय–परिवर्तन। इन लोगों को एक ही भाषा समझ में आयेगी, हमारी भाषा...?'

लेकिन अंग्रेज़ी हुकूमत का तो अलग ही ख़याल था। उसका सोचना था कि गाँधी एक महान आत्मा है; सद्‌गुणों से आच्छादित है यह व्यक्ति

और इनका यही गुण लोगों को इनकी बात मानने को मजबूर करता है। इनके लेखों में जिसमें यह वर्णन रहता है कि 'ब्रिटिश साम्राज्य पाशविक शक्ति पर टिका हुआ है पर, यह अब यहाँ जहाँ ईश्वर का राज्य है...वहाँ अब कायम नहीं रह सकता है।' इन सब बातों से ही लोगों में असन्तोष उभरता है। गाँधी अहिंसा का प्रचार ज़रूर करते हैं पर भारत की जनता में असन्तोष उभारने का काम इन्होंने ही किया है। अतः चौरी–चौरा काण्ड की ज़िम्मेवारी भी गाँधी जी को ही लेनी होगी। यदि गाँधी ने भारतीय जनमानस को इतना नहीं भड़काया होता, तो भारतीय जनता कहाँ साहस कर पाती थाने में आग लगाकर पुलिस को जलाने की। इस बात में सच्चाई तो थी क्योंकि महात्मा गाँधी के भारतीय राजनीति के पटल पर आने के पहले भारतीय आम जनता पुलिस की लाल टोपी देखकर दूर से ही अपना रास्ता बदल लेती थी, उसने ख़ौफ़ ही इतना अधिक बनाकर रखा था। परन्तु विचित्र विडम्बना यह थी कि जहाँ पूरा देश मान रहा था चौरी–चौरा काण्ड में महात्मा गाँधी की लेशमात्र भूमिका नहीं है...वहाँ महात्मा गाँधी ने स्वीकार किया कि जब जनता मेरी बातों को समझेगी तो उन्मत्त होगी और मेरे देशवासी भी उन्मत्त हुए हैं, और इस ज़िम्मेवारी को मैं लेता हूँ और कड़े से कड़े दण्ड के लिए तैयार हूँ।

इसी बीच 1927–28 की बात होगी। महात्मा गाँधी ने यंग इंडिया के माध्यम से देश के विप्लववादी पक्ष से विनती की थी कि वे एक साल तक किसी भी तरह की हिंसक कार्यवाही न करे ताकि अहिंसा को पूर्ण रूप से आजमा कर देखने का तथा उसे फलीभूत होने का मौक़ा मिले। यह एक सन्त की आवाज़ थी उनकी याचना को आज्ञा मानकर भगत सिंह लाहौर से गुजरात आये थे, महात्मा गाँधी से मिलने।

गुजराती भाषा के साहित्यकार और युवावस्था में विप्लवकारी रहे किशन सिंह यावड़ा ने, जो उस समय साबरमती आश्रम में ही थे, लिखा है–ढलती शाम को आश्रम की प्रार्थना के बाद बापू से मैं अकेला मिला। उन्हें भगत सिंह के आगमन की ख़बर दी। बापू भगत सिंह से एकान्त में मिले। एक क्रान्तिकारी की निखालिस विनम्रता और दूसरे महान आत्मवीर की अखूट वत्सलता का वह अनुपम मिलन था। बापू को वचन देकर भगत सिंह बाहर आये।

भगत सिंह के कमरे से बाहर आने के बाद महात्मा गाँधी ने किशन सिंह यावड़ा को अन्दर बुलाया और उनसे पूछा–'क्या तुम भी हिंसा के

पक्षधर हो?' उनके ही शब्दों में–मैंने सिर हिलाकर हाँ भरी। असत्य बोलने की मेरी हिम्मत नहीं थी। बापू के मुख पर विषाद घनीभूत हो गया। मैंने झुककर उनकी चरण रज ली–आखिरकार बापू बोले–तुमको मैंने अपना तो बना लिया–पर तुम्हें अहिंसा का न बना सका। सत्य की उपासना में कहीं न कहीं कमी रह गयी है। लेकिन मैं हार मानने वाला नहीं हूँ। ईश्वर से बार–बार प्रार्थना करता रहूँगा कि मेरी अशुद्धि को जला दे। और यदि मेरा मार्ग सच्चा है तो मुझे प्रकाश और शक्ति से भर दे...।

किशन सिंह यावड़ा ने लिखा है–'मुझे लग रहा था, मैं गुनहगार, हूँ 'मैं हिंसा छोड़ दूँगा, मुझे क्षमा करो'–ऐसा कहने की उत्कट इच्छा हुई पर न जाने क्यों मेरा गला घुट गया...।

क्रान्तिकारी देशसेवक महात्मा गाँधी से मिलने में कतराते थे। इसका कारण यह नहीं था कि उनके प्रति इनकी श्रद्धा में कमी थी। कारण क्या था उनके ही शब्दों में–'बापू से मिलने में हमेशा डर लगता था। उनके पास झूठ नहीं बोल सकते और भूमिगत (अंडर ग्राउंड) होने की वजह से हमने असत्य के आचरण को एक शस्त्र ही बना डाला था। यह ठीक है कि उसके मूल में भावना देश सेवा की थी; पर बापू के पास उसकी कोई गुंजाइश ही नहीं थी। परन्तु दूसरी ओर उनसे मिलने की उत्कंठा बराबर बनी ही रहती थी।'

भगत सिंह ने महात्मा गाँधी की अपील के बाद युवकों को अपना एक लिखित सम्बोधन दिया था–

इस समय हम नौजवानों से यह नहीं कह सकते कि वे बम और पिस्तौल उठाएँ। आज विद्यार्थियों के सामने इससे भी अधिक महत्त्वपूर्ण काम है। आने वाले लाहौर अधिवेशन में कांग्रेस देश की आज़ादी के लिए जबरदस्त लड़ाई की घोषणा करने वाली है। राष्ट्रीय इतिहास के इन कठिन क्षणों में नौजवानों के कन्धों पर बहुत बड़ी ज़िम्मेदारी आ पड़ेगी। यह सच है कि स्वतन्त्रता के इस युद्ध में अग्रिम मोर्चों पर विद्यार्थियों ने मौत से टक्कर ली है। क्या परीक्षा की इस घड़ी में वे उसी प्रकार की दृढ़ता और आत्मविश्वास का परिचय देने से हिचकिचाएँगे? नौजवानों को क्रान्ति का यह सन्देश देश के कोने–कोने में पहुँचाना है, फैक्टरी कारख़ानों के क्षेत्रों में, गन्दी बस्तियों और गाँवों की जर्जर झोंपड़ियों में रहने वाले करोड़ों लोगों में इस क्रान्ति की अलख जगानी है, जिससे आज़ादी आयेगी और तब एक मनुष्य द्वारा दूसरे मनुष्य का शोषण असम्भव हो जायेगा। पंजाब वैसे ही राजनीतिक तौर पर पिछड़ा हुआ माना जाता है। इसकी

भी ज़िम्मेदारी युवक वर्ग पर ही है। आज देश के प्रति अपनी असीम श्रद्धा और शहीद यतीन्द्रनाथ दास के महान् बलिदान से प्रेरणा लेकर यह सिद्ध कर दें कि स्वतन्त्रता के इस संघर्ष में वे दृढ़ता से टक्कर ले सकते हैं।

महात्मा गाँधी की गिरफ़्तारी के 6 साल बाद...लार्ड इरविन ने गाँधी जी से मिलना चाहा। लाई इरविन उस समय भारत के वाइसराय थे। इन्हें एक धर्मपरायण व्यक्ति समझा जाता था। यह भी धारणा थी कि वाइसराय के रूप में ये धर्मपरायण देश भारत के लिए शुभ शकुन होंगे। पर इस वाइसराय ने अपने पद ग्रहण के 19 महीने बाद महात्मा गाँधी को मिलने के लिए बुलाया जो उस समय देश में रचनात्मक कार्यों में लगे हुए थे।

महात्मा गाँधी अपनी मंगलौर की यात्रा को छोड़कर जब वाइसराय के पास पहुँचे तो वहाँ विधानमंडल के अध्यक्ष विट्ठल भाई पटेल, 1927 के कांग्रेस अध्यक्ष श्री निवास आयंगर और 1928 के कांग्रेस अध्यक्ष डॉ. अंसारी भी मौजूद थे।

महात्मा गाँधी के पहुँचने पर वाइसराय ने एक–एक पर्चा सबों को दिया। महात्मा गाँधी ने परचा पढ़कर वाइसराय से पूछा–क्या हमारी मुलाक़ात का सिर्फ़ यही उद्देश्य है। 'जी हाँ'–वाइसराय का जवाब था।

बस मुलाक़ात समाप्त हो गयी। महात्मा गाँधी वहाँ से चल दिये। उनके साथ और सभी नेता भी निकल गये।

इस पुर्जे में भारत में एक कमीशन के आगमन की सूचना थी। इस कमीशन के नेता सर जॉन साइमन थे, जिसका उद्देश्य भारतीय स्थिति पर रिपार्ट देना और राजनीतिक सुधारों की सिफ़ारिश करना था। सबसे विचित्र बात यह थी कि यह कमीशन भारत के भाग्य का फ़ैसला करने वाला था परन्तु इसके सदस्यों में एक भी भारतीय नहीं था।

पूरे भारत में उथल–पुथल मच गयी। 3 फ़रवरी, 1928 को जब साइमन कमीशन ने बम्बई में क़दम रखा तो पूरे भारत में उसका बहिष्कार किया गया। महात्मा गाँधी का बहिष्कार इतना पूर्ण था कि उन्होंने कमीशन का कभी नाम तक नहीं लिया।

चारों तरफ़ विरोध हो रहा था। काले झंडे दिखाये जा रहे थे। चारों ओर 'साइमन कमीशन वापस जाओ' के नारे लग रहे थे। परन्तु साइमन अपनी टीम के साथ एक स्थान से दूसरे स्थान पर बराबर दौरा करते रहे।

महात्मा गाँधी ने निश्चय कर लिया था कि साइमन की इतनी अधिक उपेक्षा कर देना है कि मानो हमने उसके अस्तित्व को ही नकार दिया

हो। महात्मा गाँधी के विरोध का अपना एक अलग ढंग था, जिसे कुछ लोग निराला मानते थे। बाल गंगाधर तिलक, जिन्होंने 'स्वराज्य मेरा जन्मसिद्ध अधिकार है' घोषित किया था, के बाद महात्मा गाँधी ही थे जिन्होंने भारत की राजनीतिक परिस्थितियों में विद्रोह की लहर पैदा की। सिर्फ़ यहीं नहीं, दक्षिण अफ्रीका में भी उन्होंने हिन्दुस्तानियों के अधिकारों के लिए कई अहिंसक लड़ाई जीती थीं। महात्मा गाँधी भगत सिंह की तरह क्रान्तिकारी नहीं थे। यहाँ तक कि वे कटुवचन और गर्म भाषा का भी इस्तेमाल नहीं करते थे। उनका अपना एक तरीक़ा था। वे मन और वचन दोनों से ही अहिंसक थे पर उनके अहिंसा के हथियार को अंग्रेज़ सबसे अधिक ख़तरनाक मानते थे क्योंकि गाँधी ने स्वतन्त्रता आन्दोलन में अहिंसा को आधार बनाकर सम्पूर्ण भारतवासी बाल, वृद्ध, वनिता...सभी को इससे जोड़ दिया था।

इसी से साइमन का विरोध कर महात्मा गाँधी ने उसके अस्तित्व को नकार दिया तो पूरा भारत वर्ष आन्दोलन करके...उसे नकार रहा था। एक बात सत्य थी कि यह आन्दोलन पूरी तरह अहिंसक था। पर अंग्रेज़ी हुकूमत लाठियाँ बरसा रही थी। लखनऊ में जवाहरलाल नेहरू लाठियों की मार से घायल हो रहे थे तो लाहौर में लाला लाजपत राय लाठियों की मार खाकर गिर पड़े...उस समय उनके सामने ही थे भगत सिंह।

भगत सिंह और लाला लाजपत राय में ढेर सारे वैचारिक मतभेद थे। उसमें मतभेद का एक कारण यह भी था कि भगत सिंह मानते थे लाला जी हिन्दू पन्थी हैं और वे हिन्दू और मुस्लिम के नाम पर देश को बँटने देने के समर्थक हो सकते हैं। जबकि भगत सिंह का मानना था कि हिन्दू और मुसलमान दोनों ही एक ही माँ की सन्तान हैं, दोनों एक ही चादर के बँधे हुए धागे हैं।

क्रान्तिकारी लाला जी के लिए 'मरा हुआ नेता' शब्द का व्यवहार करते थे...। लाला लाजपत राय भी क्रान्तिकारियों के लिए अच्छी सोच नहीं रखते थे। उन्होंने भगत सिंह से अपनी बातचीत में उन्हें 'रूसी एजेण्ट' कह कर सम्बोधित किया था।

लाला लाजपत राय ने स्वयं क्रान्तिकारियों के बारे में लिखा है कि 'मेरी नज़र में कुछ ग़ैर-ज़िम्मेदार नवयुवकों की टोली है क्रान्तिकारियों का दल, इससे अधिक कुछ भी नहीं...। ये बेरोज़गार नवयुवक हैं, यदि इन्हें

अभी पचास रुपये की नौकरी मिल जाये तो सारे आन्दोलन भूल जायेंगे..., और देश सेवा भूल जायेंगे।'

ऐसी बातों को सुनकर क्रान्तिकारियों का विरोध लाजिमी था, इन बातों से ग़ुस्सा होना भी स्वाभाविक था, कैसे न ग़ुस्सा आये ऐसे लांछन पर...? क्रान्तिकारियों की ओर से भगत सिंह ने इसका उत्तर विरोधी स्वर में दिया...।

पर अहिंसक विरोध करने के एवज़ में जब स्कॉट अंग्रेज़ अफ़सर लाठियों की वर्षा करवा रहा था; वह स्वयं भी लाठियाँ भाँज रहा था और उसके साथ उसके सिपाही भी। तभी लाला लाजपत राय फ़र्श पर गिर पड़े थे और उनकी छाती से लहू बह रहा था, उस समय भगत सिंह भी सामने ही खड़े थे। उस दिन भगत सिंह भी अपने साथियों के साथ अहिंसक आन्दोलन का हिस्सा बने हुए थे।

परन्तु सामने पड़े लाला जी को देखकर उनके मन से अहिंसा की विचारधारा छिटक कर काफ़ी दूर चली गयी...। भले ही भगत सिंह को इन्होंने रूसी एजेण्ट कहा था परन्तु लाला जी थे तो स्वतन्त्रता आन्दोलन के गौरव और आज अपने देश के गौरव को एक मुजरिम की तरह पिटते देख उनके सारे शरीर की धमनियों का ख़ून गरम होकर नसों में फैल कर दौड़ने लगा।

क्रान्तिकारियों के दल में से कुछ नवयुवकों ने सोचा कि अभी ही स्काट की हत्या कर दें। किन्तु समय की नजाकत को देखते हुए भगत सिंह ने अपने साथियों के साथ उस समय अपने पर क़ाबू तो रख लिया पर इस घटना के अठारहवें दिन जब लालाजी की मृत्यु हो गयी तो वे अपने आप पर काबू नहीं रख पाये।

लाला जी ने मरने के पहले कहा था 'मुझपर जो लाठियाँ बरसाई गयी हैं, वे भारत में ब्रिटिश शासन के ताबूत में आखिरी कील साबित होगी।' इस वाक्य को सुनकर पूरा देश आन्दोलित हो गया। इस वक्तव्य को बार–बार दुहराया गया। ताकि अब देश में अगर कोई सोया हुआ व्यक्ति बचा हो तो वह भी जाग जाये।

17 नवम्बर को लालाजी की मृत्यु हुई और 10 दिसम्बर की रात्रि में दुर्गा देवी जिन्हें सभी क्रान्तिकारी प्यार से दुर्गा भाभी कहते थे, के घर में बैठक हुई...। क्रान्तिकारियों की मानसिक स्थिति ठीक नहीं थी...।

भगत सिंह ख़ून का बदला ख़ून का सन्देश लन्दन तक पहुँचाना

चाहते थे। भगत सिंह ने गुस्से में कहा–'एक भारतीय जान के बदले दस अंग्रेज़ों की जानें ली जानी चाहिए।'

दुर्गा भाभी ने प्रोत्साहित करने वाली नज़रों से भगत सिंह को देखा...। दुर्गा देवी सिर्फ़ हिन्दुस्तानी सोशलिस्ट रिपब्लिकन आर्मी की संस्थापक भगवती चरण बोहरा की पत्नी ही नहीं वरन् स्वयं भी एक क्रान्तिकारी महिला थीं।

इस बैठक में इस बात का फ़ैसला किया गया कि स्कॉट की हत्या की जायेगी...क्योंकि वही व्यक्ति लाला जी की मौत का ज़िम्मेवार था। उसे अपनी जान देनी ही होगी।

दुर्गा भाभी के सामने ही भगत सिंह बोले–अब समय आ गया है कि दुनिया को अब हम यह दिखा दें कि हिन्दुस्तान अब इस बुराई 'अंग्रेज़' को किसी कीमत पर भी नहीं झेलेगा और न लाजपत राय की मृत्यु ही बेकार जायेगी...।

राजगुरु ने ग़ुस्से में आकर तैशपूर्वक कहा–हम लोगों को अब पुलिस को ललकारते हुए उस पर टूट पड़ना चाहिए और वहीं पर यदि अपने जीवन का बलिदान भी करना पड़े तो उसके लिए तैयार रहना चाहिए।

लेकिन दूसरे पुलिस को क्यों? लाला जी का हत्यारा तो स्कॉट है न...? दुर्गा भाभी बोली।

–यह इसके लिए क्योंकि ऐसा जोखिम और बहादुरी भरा काम नौजवानों की कल्पनाओं को हवा देगा और एच. एस. आर. ए. में उनकी तादाद बहुत बढ़ जायेगी। राजगुरु ने कहा।

–नहीं–नहीं... एकमत से क्रान्तिकारियों ने इस बात के विरुद्ध अपने हाथ खड़े कर दिये। दरअसल क्रान्तिकारी किसी भी निर्दोष व्यक्ति की हत्या के पक्षधर नहीं थे।

–देखो, अभी बंगाल में एक व्यक्ति ने एक अंग्रेज़ अफ़सर की हत्या कर एक शानदार क़ाम किया है, अंग्रेज़ इससे डरे हुए हैं। अंग्रेज़ों को जल्दी ही पता चलना चाहिए कि अब वे यहाँ नहीं रह सकते क्योंकि भारत के नौजवानों का ख़ून खौल रहा है। भगत सिंह ने कहा।

दुर्गा भाभी ने पूछा–आप लोगों में से कौन है जो स्कॉट की हत्या करना चाहते हैं? और फिर अपना हाथ स्वयं उठाकर उन्होंने कहा–मैं चाहती हूँ उसकी हत्या करना।

–नहीं–नहीं, यह तो हमारे पौरुष को चुनौती है हम लोगों के रहते आप अपनी जान को जोखिम में नहीं डाल सकतीं...सरदार भगत सिंह ने कहा।

—तो फिर आप लोगों में से कौन...? दुर्गा भाभी ने अपनी दृष्टि चारों ओर घुमाते हुए पूछा। यह क्या! भगत सिंह, सुखदेव, राजगुरु, चन्द्रशेखर आज़ाद और वहाँ जितने भी क्रान्तिकारी थे सभी ने हाथ उठा दिये।

—दुर्गा भाभी ने सुखदेव की आँखों में झाँका। वहाँ कोई विचार तैर रहा था। वैसे भी सुखदेव हमेशा नीतियाँ बनाते रहते थे। सुखदेव अपनी आँखों को सिकोड़कर बोले—मैं इस घटना को अकेले अंजाम देना चाहता हूँ।

'नहीं—नहीं आप नहीं'—दुर्गा भाभी ने कहा।

—क्यों...? सुखदेव ने पूछा।

—क्योंकि आप ही हैं वो शख़्स जो देश में फैले सभी क्रान्तिकारियों से जुड़े रहने की सबसे अहम कड़ी हैं और ख़ासतौर से पंजाब के क्रान्तिकारियों से, जो कि सभी गतिविधियों का गढ़ है।

सुखदेव मान गये।

तो फिर कौन?

चार साथी छाँटे गये—भगत सिंह, राजगुरु, चन्द्रशेखर आज़ाद और जय गोपाल।

सुखदेव ने स्कॉट को मारने की रणनीति बनाते हुए उसका ब्लूप्रिंट क्रान्तिकारियों के सामने रखा—'भगत सिंह स्कॉट को मारेंगे...।'

सुखदेव के ऐसा बोलते ही अचानक बैठक में कानाफूसी होने लगी—अस्पष्ट आवाज सुखदेव के कानों में भी आयी—'सुखदेव भगत सिंह की प्रसिद्धि से जलता है इसी से चाहता है भगत सिंह जल्दी साफ़ हो जाये...।' दो मिनट सुखदेव चुप रहे लेकिन उन्होंने उस बात की अनसुनी करके अपनी आगे की रणनीति को बताना चालू रखा—भगत सिंह स्कॉट को गोली मारेंगे और राजगुरु भगत सिंह के रक्षाकवच का काम करेंगे और चन्द्रशेखर आज़ाद, भगत सिंह और राजगुरु को पुलिस स्टेशन से निकालने का काम करेंगे...।

—और मैं? जय गोपाल ने पूछा।

—तुम्हारा काम आसान है तुम्हें स्कॉट के पुलिस स्टेशन पहुँचने की ख़बर इन तीनों को देना है।

एक सप्ताह बाद यानि सत्रह दिसम्बर की तिथि स्कॉट की हत्या करने के लिए मुकर्रर की गयी...। तीन दिन पहले से ही गुप्त तरीक़े से वहाँ घटना को कैसे अंजाम दिया जायेगा उसके लिए रिहर्सल प्रारम्भ हो गया।

घटना को अंजाम देने के पहले ही यह मान लिया गया कि स्काट मारा गया। तभी तो 'स्कॉट मारा गया' का पोस्टर घटना को अंजाम देने के पहले ही तैयार कर लिया गया।

–'स्कॉट मारा गया यह तो हुआ पर इसे मारने वाले हिन्दुस्तान सोशलिस्ट रिपब्लिकन आर्मी का भी नाम होना चाहिए'–भगत सिंह ने कहा।

एक आवाज़ आयी–पर इससे परेशानियाँ बढ़ भी सकती हैं।

परन्तु भगत सिंह गर्व भरे स्वर में बोले,–हमारी पार्टी के पास एक मज़बूत फ़ौज है। नौजवानों के दिमाग़ में इस हथियार बन्द दस्ते को हम एक ऐसी ताक़त के रूप में बिठाना चाहते हैं जो कि अंग्रेज़ी फ़ौज से टक्कर ले सके और इस तानाशाही राज को ख़त्म कर दे।...

–ठीक है पर पहले पोस्टर तो तैयार कर लिया जाय! हंसराज वोहरा ने भगत सिंह से कहा। पोस्टर बनाने में उसकी भी भागीदारी थी इसी से हंसराज वोहरा उत्साहित था।

पोस्टर बनकर रात्रि में ही तैयार हो गया। भगत सिंह ने बहुत प्यार से गुलाबी रंग के पृष्ठों पर अपने प्रिय रंग लाल जो उनके ईश्वर लेनिन का प्रिय रंग था, जो प्रतीक था ख़ून का, हाँ उसी लाल रंग से बड़े–बड़े अक्षरों में एच. एस. आर. ए. का सन्देश लिखा।

जय गोपाल सवेरे–सवेरे पुलिस स्टेशन पहुँचकर स्कॉट को पहचानने की कोशिश करने लगा। सही बात यही थी कि वह स्वयं ही स्कॉट को नहीं पहचानता था पर एक किशोर कैसे यह बात अपने साथियों को बताकर अपनी किरकिरी करवाता। जब दुर्गा भाभी ने कहा 'जय गोपाल स्कॉट के थाने आने की सूचना देगा' तो जय गोपाल क्या कहता...? थाने के पास पहुँचकर वह स्कॉट के आने का इन्तज़ार कर रहा था। तभी उसे एक अंग्रेज़ पुलिस अफ़सर आते दिखा–जय गोपाल ने तुरन्त सूचना भेज दी–स्कॉट आ गया।

भगत सिंह, राजगुरु और आज़ाद तीनों स्कॉट के बाहर आने का इन्तज़ार करने लगे। तभी एक अंग्रेज़ पुलिस अफ़सर थाने से निकल कर अपनी साइकिल पर बैठने लगा। भगत सिंह ने पहचान लिया यह स्कॉट नहीं है पर तब तक राजगुरु ने उसके सीने में गोली दाग दी। हालाँकि स्कॉट को गोली मारने का दायित्व भगत सिंह को दिया गया था। गोली लगते ही साण्डर्स नीचे गिर पड़ा। नीचे पड़े हुए साण्डर्स के सीने में तीन–चार गोलियों को दनादन दाग कर भगत सिंह अपने सीने में जलती

हुई आग को थोड़ा कम करते हुए वहाँ से भाग गये।

एक भारतीय सैनिक चालन सिंह ने उन दोनों का पीछा किया तो राजगुरु का सटीक निशाना उसे वहीं ढेर कर दिया...। अन्य पुलिसकर्मी थाने से निकलने की कोशिश कर ही रहे थे कि चन्द्रशेखर आज़ाद दो–तीन गोलियों को हवा में लहराते हुए भाग गये।

–कार्य का पूरी सफलता से निष्पादन हुआ पर एक गलती तो हो ही गयी। स्कॉट की जगह साण्डर्स मारा गया। सुखदेव के स्वर में अफ़सोस था।

–स्कॉट की जगह साण्डर्स मारा गया पर अंग्रेज़ ही तो मारा गया और वैसे भी एक भारतीय के मारने पर दस अंग्रेज़ों के मारने की हमारी नीति नहीं है क्या? भगत सिंह ने कहा।

–पर पर्चा में तो स्कॉट का नाम छप गया है। जय गोपाल ने कहा।

–यह सब तुम्हारे कारण ही हुआ, तुम्हें पहले बतलाना चाहिए था कि तुम स्कॉट को नहीं पहचानते हो। भगत सिंह ने डपटते हुए कहा।

–मुझे क्या पता, स्कॉट अपनी सास को लेने स्टेशन गया है...फिर सभी अंग्रेज़ तो एक ही समान दिखते हैं। जय गोपाल की आवाज़ में मायूसी के साथ–साथ अपमानित होने का दंश भी झलक रहा था।

–अच्छी बात है, अब इन बातों को छोड़ो। हंसराज वोहरा और तुम सारे पोस्टर ले आओ, देखें तो सही, भगत सिंह की लिखी कितनी कापियों की तूने नकल की–आज़ाद ने कहा, जो वहाँ सबसे बुजुर्ग थे।

हंसराज वोहरा अभी किशोर ही तो था, जल्दी से दौड़कर पोस्टर ले आया और अपने लिखे पोस्टरों को दिखाते समय ख़ुश हो रहा था, पर जय गोपाल का चेहरा उतरा हुआ था।

सुबह उठते ही लोगों ने देखा, पूरे शहर में जगह–जगह पोस्टर चिपके हुए हैं और उसे पढ़–पढ़कर भारतीयों की छाती चौड़ी हो रही थी। पोस्टर में लिखा था–

नोटिस

"हिन्दुस्तान समाजवादी रिपब्लिकन आर्मी"

'जे.पी. साण्डर्स की मृत्यु से लाला लाजपत राय की हत्या का बदला ले लिया गया है।'

चारों तरफ धर–पकड़ प्रारम्भ हो गया। एक भी सबूत नहीं मिलने की

वजह से भगत सिंह पर किसी का ध्यान नहीं गया पर सुखदेव का विचार था—हर हाल में राजगुरु और भगत सिंह को लाहौर छोड़कर कलकत्ता चले जाना चाहिए।

—पर कलकत्ता कैसे और कहाँ...भगत सिंह ने कहा।

—इसके लिए दुर्गा भाभी के पास चलते हैं...सुखदेव ने कहा।

—पर दुर्गा भाभी के घर पर सारी रात पुलिस का पहरा रहता है... सवेरे होने का इन्तज़ार करना पड़ेगा—राजगुरु ने कहा।

—कुछ पैसों का भी तो इन्तज़ाम करना होगा। कलकत्ता जाने में ख़र्च भी होंगे और मेरे पास एक फूटी कौड़ी भी नहीं है। आप लोग कहें तो पास में ही मेरे एक पुराने कम्युनिस्ट मित्र सोहन सिंह जोश रहते हैं उनसे कुछ पैसे ले आऊँ? कामरेड भगत सिंह ने कहा।

—पर जोश ने अपने नाम के विपरीत चरित्र दिखाया...उसने पैसे देने में कोई जोश नहीं दिखाया। हाँ, ठण्डे स्वर में यह ज़रूर कहा कि 'बाहर मत निकला करो।' भगत सिंह खाली हाथ वापस आ गये।

पर दुर्गा भाभी ने भगत सिंह को खाली हाथ नहीं रहने दिया। अपने पति भगवती चरण से घर ख़र्च के लिए जो पाँच सौ रुपये मिले थे उसे लाकर भगत सिंह के हाथों में रख दिया।

और उसी क्षण प्रोग्राम बन गया। भगत सिंह अपने दाढ़ी केश कटाकर सरकारी अफ़सर का भेष बनाएँगे और दुर्गा भाभी उनकी पत्नी तथा राजगुरु इन दोनों के नौकर बनकर सामान लेते हुए रेलगाड़ी का सफ़र लाहौर से लेकर कलकत्ता तक तय करेंगे।

बड़ा—सा ओवर कोट—और हैट से सुसज्जित भगत सिंह और उनके पार्श्व में आधुनिक साज—सज्जा में नख से सिख तक सुसज्जित दुर्गा भाभी को देखकर किसी को टोकने तक की हिम्मत नहीं पड़ी...नौकर के वेश में राजगुरु भी सकुशल पहुँच गये...कलकत्ता। रास्ते भर ट्रेन में पति—पत्नी बने भगत सिंह दुर्गा भाभी को अपने जीवन की सारी कहानी खट्ठी—मीठी यादों को सुनाते पहुँच गये कलकत्ता...।

कलकत्ता में भगत सिंह ने बहुत कोशिश की बम बनाने की, ट्रेनिंग लेने की, परन्तु उन्हें सफलता नहीं मिली। क्रान्तिकारी जतिनदास भगत सिंह से आत्मीयता से तो मिले पर बम बनाने के सवाल पर उन्होंने अपने हाथ खड़े करते हुए कहा कि 'उन्होंने अब व्यक्तिगत आतंकवाद की गतिविधियों में पड़ना बन्द कर दिया है।'

भगत सिंह कलकत्ता से आगरा लौट गये पर मन में बम बनाने की लौ लगी ही रही।

लगभग एक साल बीत गया। साण्डर्स की हत्या का पुलिस कोई सुराग नहीं ढूँढ़ पायी। लन्दन से साण्डर्स हत्याकाण्ड पर जवाब माँगने पर यहाँ से जवाब भेज दिया गया कि 'साण्डर्स हत्या की जाँच में बहुत अधिक प्रगति नहीं है।'

इधर क्रान्तिकारियों के अन्दर भी एक बेचैनी पल रही थी। वे समझ नहीं पा रहे थे कि वे जो कर रहे हैं क्या यह सही है? क्या वे जो कर रहे हैं उससे देश में क्रान्ति आयेगी या उन्हें अपनी रणनीति में बदलाव लाने के लिए सोचना चाहिए?

भगत सिंह और उनके साथी सोचते थे कि साण्डर्स की हत्या के बाद अंग्रेज़ों के अन्दर एक प्रकार की दहशत फैल जायेगी और वे वापस इंग्लैण्ड चले जायेंगे पर उन्हें ऐसा कुछ दीख नहीं रहा था...। अंग्रेज़ को वैसे ही जमे देख कर उन लोगों के बीच विचारों का मन्थन हो रहा था।

अब आगे क्या करना चाहिए, एक और अंग्रेज़ अफ़सर की हत्या? 'क्या इससे कुछ मदद मिलेगी? फिर क्या किया जाये जिससे इस बहरी सरकार को जगाया जाये', राजगुरु ने कहा।

—असेम्बली के सदस्यों की और ख़ासतौर से हिन्दुस्तानियों की आँखें और कान खोलने के लिए असेम्बली के सेण्ट्रल हाल में बम फेंका जाय। भगत सिंह ने कहा।

—पर कैसे—यह काम कैसे होगा? आज़ाद ने प्रश्न किया।

कामरेड तारा चन्द बोले—बी. के. दत्त और रामशरण दास असेम्बली में बम फेंकेंगे...।

—दास की जगह मुझे बम फेंकने के लिए चुना जाय इसकी अपील मैं करता हूँ क्योंकि मुझे लगता है इस धमाके के उद्देश्य का ऐलान मैं ज़्यादा अच्छे तरीक़े से कर सकता हूँ...। भगत सिंह ने कहा।

—पर यदि आप पकड़े गये तो, साण्डर्स हत्या की कड़ी आपसे जोड़कर वे आपको फाँसी भी दे सकते हैं। नहीं, हम इस खतरे को मोल नहीं ले सकते, चन्द्रशेखर आज़ाद ने साफ़ मनाही कर दी।

—पर मैं समझता हूँ कि भगत सिंह ज़्यादा अच्छी तरह से अपने विचारों को सहानुभूतिपूर्ण तथा स्पष्ट तरीक़े से रख सकते हैं और वे यह भी साबित कर सकते हैं कि वे हिंसा का प्रयोग नहीं करना चाह रहे हैं...। सुखदेव

ने कहा। सुखदेव की सोच थी भगत सिंह अच्छे वक्ता हैं और उनका व्यक्तित्व प्रतिभाशाली है।

—पर भगत सिंह...। चन्द्रशेखर आज़ाद ने माथे पर बल डालते हुए कहा।

—हम लोग हिंसा के कलंक से परेशान हो चुके हैं। एक हत्यारे का चस्पा चिपका कर हम कब तक चोरों की तरह मुँह छिपाते फिरेंगे। सही बात तो यही है कि न हम हत्यारे हैं और न आतंकवादी। असेम्बली में अहिंसक बम फेंक कर हम पूरी दुनिया को दिखा देना चाहते हैं कि हम सिर्फ़ और सिर्फ़ क्रान्तिकारी हैं...और इस काम को सबसे अच्छे तरीक़े से भगत सिंह कर सकते हैं। एक ही साँस में सुखदेव ने अपने मन की बात कह दी।

—सुखदेव सही कह रहे हैं। मैं भी हिंसा से जुड़ने के बाद थक–सा गया हूँ और उसके बाद गाँधी जी की हिंसक क्रान्तिकारियों को गैर–ज़िम्मेदार नौजवान वाले वक्तव्य से भी परेशान हूँ।

मैं अपनी पूरी ताक़त से यह कहना चाहता हूँ कि क्रान्तिकारी जीवन के शुरू के चन्द दिनों के सिवाय न तो मैं आतंकवादी था और न अभी हूँ। और मुझे पूरा यक़ीन है कि इस तरह के तरीक़ों से हम कुछ भी हासिल नहीं कर सकते। हिन्दुस्तान समाजवादी रिपब्लिकन पार्टी के इतिहास से यह बिल्कुल स्पष्ट हो जाता है। हमारे सभी काम इसी दिशा में थे, यानी बड़े राष्ट्रीय आन्दोलन के सैनिक विभाग की तरह अपनी पहचान करवाना। यदि किसी ने मुझे गलत समझ लिया है तो वे सुधार कर लें। मेरा मतलब यह ज़रूर है कि केवल बम फेंकना न सिर्फ़ बेकार, बल्कि नुक़सानदायक है। पार्टी के सैनिक विभाग को हमेशा तैयार रहना चाहिए, ताकि संकट के समय काम आ सके। इसे पार्टी के राजनीतिक काम में सहायक के रूप में होना चाहिए। यह अपने आप स्वतन्त्र काम न करे।

भगत सिंह ने आगे कहा—वे और दत्त पब्लिक गैलरी से बम फेंकेंगे और इस तरह फेंकेंगे कि किसी को भी चोट न पहुँचे और हम अपनी बात उन लोगों तक पहुँचा सकेंगे...।

—तो क्या अब आप हिंसा पर यक़ीन नहीं करते?—क्रान्तिकारियों में से किसी ने पूछा।

—नहीं, ऐसा बिल्कुल नहीं है। मैं मानता हूँ कि कई बार ऐसा समय भी आता है जब लोगों में विश्वास पैदा करने के लिए दुश्मन के घूँसे का जवाब तुरन्त हथियारबन्द हमले से देना चाहिए...। लेकिन अभी बात हिंसा

से नहीं बनेगी...अभी जनता और प्रशासन दोनों को जगाना है।—भगत सिंह ने कहा।

भगत सिंह और बटुकेश्वर दत्त ने बम फेंकने के पहले असेम्बली में जाकर दो दिन पहले ही रिहर्सल कर लिया कि बम कैसे फेंकना है। वे लोग 8 अप्रैल, 1929 को चुपचाप असेम्बली की पब्लिक गैलरी में प्रवेश कर गये। उस समय गैलरी में साइमन भी बैठा हुआ था और साथ ही भारत के कुछ राष्ट्रीय नेता भी सदन के अन्दर थे जैसे मोती लाल नेहरू, एन. सी. केलकर, एम. आर. जयकर, मुहम्मद अली जिन्ना, विट्ठल भाई पटेल आदि...।

भगत सिंह ने पहला बम बहुत सावधानी के साथ कुर्सी पर बैठे—बैठे धीरे से अपने पास से लुढ़का दिया और लुढ़काते वक़्त किसी ने उन्हें नहीं देखा। थोड़ी दूर जाकर यह बम एक धमाके के साथ फटा। पूरे हॉल में अँधेरा छा गया। लोगों की चीख़ें बढ़ती ही जा रही थीं तभी बटुकेश्वर दत्त ने दूसरा बम फेंका जिसके फटते ही दर्शक दीर्घा के लोग बाहर की ओर भागे। हड़बड़ाहट में रास्ता भी बन्द हो गया। कुछ लोग बेंच के पीछे छुप गये तो कुछ लोग बाहर जाने की जद्दोजहद करते रहे। तभी काग़ज़ों का एक पुलिन्दा पूरे हॉल में पर्चे के रूप में गिर कर बिखर गया...। और उसके बाद ज़ोर से चीख़ती एक आवाज़ आयी—'इन्क़लाब ज़िन्दाबाद।'

लोग भागते—भागते पर्चे को पढ़ रहे थे, उस पर्चे में लिखा था—'हिन्दुस्तान सोशलिस्ट रिपब्लिकन आर्मी—नोटिस—बहरे को सुनाने के लिए ज़ोर की आवाज़ करनी पड़ती है।

—बाहर से आये हुए नौकरशाही शोषकों को यह बताना चाहते हैं कि वे जो चाहते हैं वह करें मगर लोगों की आँखों के सामने हम उन्हें नंगा करना चाहते हैं।

अफरा—तफरी मची रही और भगत सिंह और बटुकेश्वर दत्त वहीं पर खड़े रहे गिरफ़्तार होने के लिए...।

लगता है इस बार का क्रान्तिकारियों का मिशन महात्मा गाँधी की अहिंसा की गाथा सुनते—सुनते कुछ—कुछ अहिंसक हो गया था, तभी तो जान लेने और जान देने वाले नवयुवक किसी की जान नहीं जाये इसके लिए प्रयत्नशील थे। अपने ऊपर हत्यारे का लेबल लगने से भी परेशान थे तभी तो इस बार अपनी एक अलग छवि के साथ भारत में एक उदाहरण पेश करना चाहते थे। जिस समय भगत सिंह ने असेम्बली में बम फेंका था उस समय साइमन भी वहीं बैठा था...। चाहते तो बम का रुख उधर

भी कर सकते थे, चाहते तो बम को और अधिक ज़ोर से भीड़ की तरफ़ उछाल कर मार सकते थे... पर नहीं, उन्होंने अलग रास्ता चुना। चाहे जो हो, भले ही क्रान्तिकारी गाँधी की अहिंसा को उस हद तक, उस सीमा तक नहीं पसन्द करते थे पर इस बात से इनकार नहीं किया जा सकता है कि अहिंसा अपना काम, धीरे-धीरे ही सही, कर रही थी।

भगत सिंह और बटुकेश्वर दत्त गिरफ़्तार हो गये...। भगत सिंह और बटुकेश्वर दत्त को उम्रक़ैद की सज़ा सुनाई गयी तथा जज ने इन दोनों पर यह भी आरोप लगाया कि इन दोनों ने गोलियाँ भी चलाई हैं।

पर भगत सिंह ने इस बात से पूरी तरह इनकार किया कि उन्होंने पिस्तौल चलाई है। उन्होंने स्वीकार किया कि उन्होंने असेम्बली के फ़र्श पर बम फेंका है पर सिर्फ़ इसके लिए कि उनके पास अपना विरोध जताने का और कोई दूसरा रास्ता नहीं था। उन्होंने आगे कहा-हमारा एकमात्र उद्देश्य बहरे को सुनाना और असावधान को समय रहते सावधान करना था।

भगत सिंह की ओर से यह दलील दी गयी कि यह एक अहिंसक बम था और इसे जान-बूझकर कमज़ोर बनाया गया था ताकि किसी की जान को नुक़सान न हो...।

पर जज ने इस दलील को स्वीकार नहीं किया क्योंकि इस बम ने असेम्बली की डेढ़ इंच मोटी लक्कड़ के चिथड़े उड़ा दिये थे।

भगत सिंह की ओर से यह भी दलील दी गयी कि वे इन्सानी ज़िन्दगी को पवित्र मानते हैं पर जज ने फ़ैसला सुनाते हुए कहा कि वे ऐसी हरकत आगे भी कर सकते हैं, इसी से इन्हें फाँसी की सज़ा तो नहीं पर उम्र क़ैद की सज़ा दी ही जानी चाहिए।

भगत सिंह की तरफ़ से जितनी भी दलीलें दी गयीं सब की सब अहिंसात्मक थीं, वही दलीलें तो थीं जिस पर चलने की दरख्वास्त महात्मा गाँधी अपने देश के क्रान्तिकारियों से करते रहे थे। भगत सिंह और दत्त की ओर से उम्रकैद की सज़ा के ख़िलाफ़ अपील की गयी...पर अपील ख़ारिज हो गयी और उन दोनों को चौदह साल के लिए क़ैद की सज़ा हो गयी।

भगत सिंह जेल पहुँच गये। वहाँ उन्होंने जेल की बदहाली देखकर क़ैदियों को संगठित करने का फ़ैसला किया ताकि संगठित होकर विरोध कर सकें...और विरोध का वही तरीक़ा खोजा जो अहिंसक तरीका था,-उपवास का, तरीक़ा। भगत सिंह मानो यह साबित करना चाहते थे कि क्रान्तिकारी भी अहिंसक रास्ते पर चल सकते हैं...। वे भी भूखे रह सकते हैं, वे भी

अहिंसा के पुष्प को अपने हृदय में खिला सकते हैं। उन्होंने सोचा–अब तो अड़तीस साल की उम्र में ही बाहर निकलेंगे... तब तक पता नहीं क्या से क्या हो? परन्तु देश सेवा की गुंजाइश यहाँ भी खोज ली, भगत सिंह ने जेल की कुव्यवस्था के ख़िलाफ़ विरोध करने के लिए मन बना लिया।

भगत सिंह ने 'धमाकों की गूँज' नाम से एक लेख भी लिखा था–

"यह सोचकर कितना दुःख होता है कि जे.पी. साण्डर्स जैसे एक मामूली पुलिस अफ़सर के कमीने हाथों द्वारा देश की तीस करोड़ जनता द्वारा सम्मानित एक नेता पर हमला करके उनके प्राण ले लिए गये। राष्ट्र का यह अपमान हिन्दुस्तानी नवयुवकों और मर्दों को चुनौती था।

आज संसार ने देख लिया है कि हिन्दुस्तान की जनता निष्प्राण नहीं हो गयी है, उनका (नौजवानों का) ख़ून जम नहीं गया, वे अपने राष्ट्र के सम्मान के लिए प्राणों की बाजी लगा सकते हैं। और यह प्रमाण देश के उन युवकों ने दिया है जिनकी स्वयं देश के नेता निन्दा और अपमान करते हैं।

अत्याचारी सरकार सावधान!

इस देश की दलित और पीड़ित जनता की भावनाओं को ठेस मत लगाओ! अपनी शैतानी हरकतें बन्द करो। हमें इथियार न रखने देने के लिए बनाये तुम्हारे सब क़ानूनों और चौकसी के बावजूद पिस्तौल और रिवाल्वर इस देश की जनता के हाथ में आते ही रहेंगे। यदि वह हथियार सशस्त्र क्रान्ति के लिए पर्याप्त न भी हुए तो भी राष्ट्रीय अपमान का बदला लेते रहने के लिए तो काफ़ी रहेंगे ही। हमारे अपने लोग निन्दा और अपमान करें। विदेशी सरकार चाहे हमारा कितना भी दमन कर ले, परन्तु हम राष्ट्रीय सम्मान की रक्षा करने और विदेशी अत्याचारियों को सबक सिखाने के लिए सदा तत्पर रहेंगे। हम सब विरोध और दमन के बावजूद क्रान्ति की पुकार को बुलन्द रखेंगे और फाँसी के तख्तों पर से भी पुकार कर कहेंगे–

इन्क़लाब ज़िन्दाबाद!

हमें एक आदमी की हत्या करने का खेद है। परन्तु यह आदमी उस निर्दयी, नीच और अन्यायपूर्ण व्यवस्था का अंग था, जिसे समाप्त कर देना आवश्यक है। इस आदमी की हत्या हिन्दुस्तान में ब्रिटिश शासन के कारिन्दे के रूप में की गयी है। यह सरकार संसार की सबसे अत्याचारी सरकार है।

मनुष्य का रक्त बहाने के लिए हमें खेद है। परन्तु क्रान्ति की वेदी पर कभी–कभी रक्त बहाना अनिवार्य हो जाता है। हमारा उद्देश्य एक ऐसी क्रान्ति से है जो मनुष्य द्वारा मनुष्य के शोषण का अन्त कर देगी।

इन्क़लाब ज़िन्दाबाद!"

लेकिन उसी समय साण्डर्स हत्याकाण्ड के कुछ ऐसे सुराग हाथ लग गये जो भगत सिंह के साण्डर्स हत्याकाण्ड में शामिल होने का शक शुबहा पैदा करता था।

लाहौर में दुर्गा भाभी के घर से बम बरामद हुए। जहाँ–जहाँ हथियार थे पुलिस ने सभी बरामद कर लिए...। ऐसा लग रहा था पुलिस को हर एक अड्डे का ठिकाना मालूम हो। और ठिकाना क्यों न मालूम हो साण्डर्स को पहचानने वाला जय गोपाल और भगत सिंह के पोस्टर की नकल करने वाला हंसराज वोहरा सरकारी गवाह जो बन गया था...। अंग्रेज़ अधिकारियों ने छह सौ गवाह इकट्ठे कर लिए...। दरअसल क्रान्तिकारियों में ज़्यादातर नौजवान किशोरावस्था के ही तो थे, उन्हें प्रलोभन में लेना मक्कार अंग्रेज़ी हुकूमत के लिए कठिन कहाँ था? डराकर, धमकाकर, प्रलोभन देकर यानी साम–दाम–दण्ड भेद सभी नीतियों को अपना कर छह सौ गवाह इकट्ठे कर लिए।

और इधर जेल में भगत सिंह ने क्रान्तिकारियों के लिए राजनीतिक यूरोपीय बन्दी की सी सुविधा माँगने के लिए भूख हड़ताल कर दी...। कुछ भी हो, भगत सिंह देश में इतने विशाल व्यक्तित्व की छाया से कैसे बच सकते थे और इसी से उन्होंने भी वही गाँधीवादी तरीक़ा अपनाते हुए उपवास किया तथा बहुत सौम्य रूप में विनम्रतापूर्वक पत्र लिखकर राजनीतिक क़ैदियों के लिए अलग वार्ड की माँग की।

भूख हड़ताल की खबर मिलने पर पूरे देश में अंग्रेज़ी हुकूमत के ख़िलाफ़ व्यापक विरोध और प्रदर्शन हुए। कांग्रेस ने इसे गम्भीरता से लिया। मोतीलाल नेहरू ने सरकार की भर्त्सना करते हुए कहा–यह भूख हड़ताल एक सामूहिक हित के लिए है, सिर्फ़ भगत सिंह के हित के लिए नहीं हैं।

भूख हड़ताल लम्बी खींचती जाती देख पं. जवाहरलाल नेहरू लाहौर जेल में भगत सिंह तथा अन्य क्रान्तिकारियों से भेंट करने गये और जेल से बाहर आकर उन्होंने वक्तव्य दिया–'इन बहादुरों की यह बदहाली देखकर मुझे बहुत पीड़ा हुई। इस संघर्ष में उन्होंने अपनी जान की बाजी लगा

दी है। वे चाहते हैं कि राजनीतिक बन्दियों के साथ राजनीतिक बन्दियों जैसा बर्ताव किया जाये। मुझे भरोसा है कि उनके बलिदान सफलता का ताज पहनेंगे।'

हाँ, मुहम्मद अली जिन्ना ने ज़रूर भगत सिंह का मजाक़ उड़ाते हुए कहा कि 'उन्हें यूरोपीय की तरह... व्यवहार चाहिए...?'

इसी भूख हड़ताल में जतिनदास की मृत्यु हो गयी जिनकी अन्तिम यात्रा में सैकड़ों कांग्रेसी नेताओं और स्वयंसेवकों ने हिस्सा लिया और पूरा देश शोकाकुल हो गया।

भूख हड़ताल की वजह से भगत सिंह का भी वज़न लगातार घटता जा रहा था। तब आखिर भगत सिंह के पिताजी कांग्रेस का एक पैग़ाम लेकर अपने प्यारे पुत्र के पास आये।

—बेटा, कांग्रेस पार्टी ने तुमसे यह आग्रह किया है कि तुम लोग इस अनशन को छोड़ दो...। पिता की आँखों का गीला होना स्वाभाविक था!

—हम सभी क्रान्तिकारी इस पार्टी की इज़्ज़त करते हैं क्योंकि हम सबको पता है उसने भारत की आज़ादी के लिए कितने संघर्ष किये हैं...। भगत सिंह ने आगे यह भी कहा—

—पर हाँ, यह भी सही है कि महात्मा गाँधी के अहिंसापूर्ण तरीक़े से देश की आज़ादी प्राप्त करने को मैं एक असम्भव सपना मानता हूँ और मुझे लगता है कि वे इस असम्भव सपने को ही सच मान रहे हैं... मगर इस बात से कौन इनकार करेगा कि भारत में यदि किसी ने जनजागरण लाया है तो यह काम गाँधी ने ही किया है... और इस कारण मैं उनकी इज़्ज़त करता हूँ।

सरदार किशन सिंह जी की आँखें चमकीं। बेटा चाहे कितना ही बड़ा क्रान्तिकारी बन गया हो पर अहिंसक महात्मा जी की इज़्ज़त करता है...।

भगत सिंह ने भूख हड़ताल समाप्त करते हुए कांग्रेस को अपना लिखित सन्देश भेजा कि—'अखिल भारतीय कांग्रेस कमिटी के आग्रह को मानते हुए आज हमने भूख हड़ताल ख़त्म करने का फ़ैसला लिया है...।'

इधर मुक़दमें की कार्यवाही प्रारम्भ हो गयी थी। सामने भगत सिंह ने जय गोपाल को देखा जो अपनी मूँछें ऐंठ रहा था और जब भगत सिंह से उसकी आँखें मिलीं तो उल्टे उसने भगत सिंह पर गालियों की बौछार की शुरुआत कर दी। आरोपियों की तरफ़ से भी किसी ने चप्पल फेंका...। भगत सिंह भौचक होकर जय गोपाल को देख रहे थे जिसके बारे में कभी

भगत सिंह ने ही कहा था, 'यह एच.एस.आर.ए. का एक गहना है।' भगत सिंह क्या, किसी क्रान्तिकारी ने यह नहीं सोचा था कि एकदिन अपने ही साथियों के कारण इनके गले में फाँसी का फन्दा पड़ेगा।

भगत सिंह ने अदालती कार्रवाई की विसंगतियों को देखते हुए अपने साथियों की ओर से एक लिखित ऐलान कोर्ट में जज के सामने पेश किया–

जनाब,

अपने छह साथियों की ओर से, जिनमें कि मैं भी शामिल हूँ, निम्नलिखित स्पष्टीकरण इस सुनवाई के शुरू में ही देना आवश्यक है। हम चाहते हैं कि यह दर्ज किया जाये।

हम मुक़दमे की कार्रवाई में किसी भी प्रकार भाग नहीं लेना चाहते, क्योंकि हम इस सरकार को न तो न्याय पर आधारित समझते हैं और न ही क़ानूनी तौर पर स्थापित। हम अपने विश्वास से यह घोषणा करते हैं कि 'समस्त शक्ति का आधार मनुष्य है। कोई व्यक्ति या सरकार किसी भी ऐसी शक्ति की हकदार नहीं है जो जनता ने उसको न दी हो।' क्योंकि यह सरकार इन सिद्धान्तों के विपरीत है, इसलिए इसका अस्तित्व ही उचित नहीं है। ऐसी सरकारें, जो राष्ट्रों को लूटने के लिए एकजुट हो जाती हैं, उनमें तलवार की शक्ति के अलावा कोई आधार कायम रहने के लिए नहीं होता। इसीलिए वे वहशी ताक़त के साथ मुक्ति और आज़ादी के विचार और लोगों की उचित इच्छाओं को कुचलती हैं।

हमारा विश्वास है कि ऐसी सरकारें, विशेषकर अंग्रेज़ी सरकार, जो असहाय और असहमत भारतीय राष्ट्र पर थोपी गयी है, गुण्डों, डाकुओं का गिरोह और लुटेरों का टोला है, जिसने कत्लेआम करने और लोगों को विस्थापित करने के लिए सब प्रकार की शक्तियाँ जुटाई हुई हैं। शान्ति–व्यवस्था के नाम पर यह अपने विरोधियों या रहस्य खोलने वाले को कुचल देती है।

हमारा यह भी विश्वास है कि साम्राज्यवाद एक बड़ी डाकेजनी की साज़िश के अलावा कुछ नहीं। साम्राज्यवाद मनुष्य के हाथों मनुष्य के और राष्ट्र के हाथों राष्ट्र के शोषण का चरम है। साम्राज्यवादी अपने हितों और लूटने की योजनाओं को पूरा करने के लिए न सिर्फ़ न्यायालयों एवं क़ानून का कत्ल करते हैं, बल्कि भयंकर हत्याकाण्ड भी आयोजित करते हैं। अपने शोषण को पूरा करने के लिए जंग जैसे खौफ़नाक अपराध भी करते हैं।

जहाँ कहीं लोग उनकी नादिरशाही शोषणकारी माँगों को स्वीकार न करें या चुपचाप उनकी ध्वस्त कर देने वाली और घृणा योग्य साजिशों को मानने से इनकार कर दें तो वह निरपराधियों का ख़ून बहाने से संकोच नहीं करते। शान्ति–व्यवस्था की आड़ में वे शान्ति–व्यवस्था भंग करते हैं। भगदड़ मचाते हुए लोगों की हत्या, अर्थात् हर सम्भव दमन करते हैं।

हम मानते हैं कि स्वतन्त्रता प्रत्येक मनुष्य का अमिट अधिकार है। हर मनुष्य को अपने श्रम का फल पाने जैसा सभी प्रकार का अधिकार है और प्रत्येक राष्ट्र अपने मूलभूत प्राकृतिक संसाधनों का पूर्ण स्वामी है। अगर कोई सरकार जनता को उसके इन मूलभूत अधिकारों से वंचित रखती है तो जनता का केवल यह अधिकार ही नहीं बल्कि आवश्यक कर्तव्य भी बन जाता है कि ऐसी सरकार को समाप्त कर दे। क्योंकि ब्रिटिश सरकार इन सिद्धान्तों, जिनके लिए हम लड़ रहे हैं, के बिल्कुल विपरीत है, इसलिए हमारा दृढ़ विश्वास है कि जिस भी ढंग से देश में क्रान्ति लायी जा सके और इस सरकार का पूरी तरह खात्मा किया जा सके, इसके लिए हर प्रयास और अपनाये गये सभी ढंग नैतिक स्तर पर उचित हैं। हम वर्तमान ढाँचे के सामाजिक, आर्थिक और राजनीतिक क्षेत्रों में क्रान्तिकारी परिवर्तन लाने के पक्ष में हैं। हम वर्तमान समाज को पूरे तौर पर एक नये सुगठित समाज में बदलना चाहते हैं। इस तरह मनुष्य के हाथों मनुष्य का शोषण असम्भव बनाकर सभी के लिए सब क्षेत्रों में पूरी स्वतन्त्रता विश्वसनीय बनायी जाये। जब तक सारा सामाजिक ढाँचा बदला नहीं जाता और उसके स्थान पर समाजवादी समाज स्थापित नहीं होता, हम महसूस करते हैं कि सारी दुनिया एक तबाह कर देने वाले प्रलय–संकट में है।

जहाँ तक शान्तिपूर्ण या अन्य तरीक़ों से क्रान्तिकारी आदर्शों की स्थापना का सम्बन्ध है, हम घोषणा करते हैं कि इसका चुनाव तत्कालीन शासकों की मर्ज़ी पर निर्भर है। क्रान्तिकारी अपने मानवीय प्यार के गुणों के कारण मानवता के पुजारी हैं। हम शाश्वत और वास्तविक शान्ति चाहते हैं, जिसका आधार न्याय और समानता है। हम झूठी और दिखावटी शान्ति के समर्थक नहीं, जो बुजदिली से पैदा होती है और भालों और बन्दूकों के सहारे जीवित रहती है। क्रान्तिकारी अगर बम और पिस्तौल का सहारा लेता है तो यह उसकी चरम आवश्यकता में से पैदा होता है और आख़िरी दाँव के तौर पर होता है। हमारा विश्वास है कि अमन और क़ानून मनुष्य के लिए है, न कि मनुष्य अमन और क़ानून के लिए।

फ्रांस के उच्च न्यायाधीश का यह कहना उचित है कि क़ानून की आन्तरिक भावना स्वतन्त्रता समाप्त करना या प्रतिबन्ध लगाना नहीं, वरन् स्वतन्त्रता को सुरक्षित रखना और उसे आगे बढ़ाना है। सरकार को क़ानूनी शक्ति उन उचित क़ानूनों से मिलेगी जो केवल सामूहिक हितों के लिए बनाये गये हैं, और जो जनता की इच्छाओं पर आधारित हों, जिनके लिए यह बनाये गये हैं। इससे विधायकों समेत कोई भी बाहर नहीं हो सकता।

क़ानून की पवित्रता तभी तक रखी जा सकती है जब तक वह जनता के दिल यानी भावनाओं को प्रकट करता है। जब यह शोषणकारी समूह के हाथों में एक पुर्जा बन जाता है, तब अपनी पवित्रता और महत्त्व खो बैठता है। न्याय प्रदान करने के लिए मूल बात यह है कि हर तरह के लाभ या हित का खात्मा होना चाहिए। ज्यों ही क़ानून सामाजिक आवश्यकताओं को पूरा करना बन्द कर देता है, त्यों ही जुल्म और अन्याय को बढ़ाने का हथियार बन जाता है। ऐसे क़ानूनों को जारी रखना सामूहिक हितों पर विशेष हितों की दम्भपूर्ण जबरदस्ती के सिवाय कुछ नहीं है।

वर्तमान सरकार के क़ानून विदेशी शासन के हितों के लिए चलते हैं और हम लोगों के हितों के विपरीत हैं। इसलिए इनकी हमारे ऊपर किसी भी प्रकार की सदाचारिता लागू नहीं होती।

अतः हर भारतीय की यह ज़िम्मेदारी बनती है कि इन क़ानूनों को चुनौती दे और इनका उल्लंघन करे। अंग्रेज़ न्यायालय, जो शोषण के पुर्जे हैं, न्याय नहीं दे सकते। विशेषकर राजनीतिक क्षेत्रों में, जहाँ सरकार और लोगों के हितों का टकराव है। हम जानते हैं कि ये न्यायालय सिवाय न्याय के ढकोसले के और कुछ नहीं हैं।

इन्हीं कारणों से हम इसमें भागीदारी करने से इनकार करते हैं और इस मुक़दमे की कार्रवाई में भाग नहीं लेंगे।

जज ने नोट किया—यह रिकॉर्ड में तो रखा जाये लेकिन इसकी कॉपी न दी जाये, क्योंकि इसमें कुछ अनचाही बातें लिखी हैं।

अब भगत सिंह के साथ सभी लोगों को लगने लगा था कि फाँसी का फन्दा उनके गले तक पहुँच गया है। भगत सिंह के पिता ने बेटा खोने के गम में एक याचिका दायर कर दी कि जिस दिन साण्डर्स की हत्या हुई थी भगत सिंह लाहौर में थे ही नहीं। कोई भी पिता कैसे धीरज रखे अपने युवा पुत्र को मृत्यु के मुख में जाते देखकर—किशनलाल जी भी नहीं रख पाये।

30 सितम्बर, 1930 को भगत सिंह के पिता सरदार किशन सिंह ने ट्रिब्यूनल को एक अर्जी देकर बचाव पेश करने के लिए अवसर की माँग की। सरदार किशन सिंह स्वयं देशभक्त थे और राष्ट्रीय आन्दोलन में जेल जाते रहते थे। उन्हें व कुछ अन्य देशभक्तों को लगता था कि शायद बचाव पक्ष पेश कर भगत सिंह को फाँसी के फन्दे से बचाया जा सकता है, लेकिन भगत सिंह और उनके साथी बिल्कुल अलग नीति पर चल रहे थे। उनके अनुसार, ब्रिटिश सरकार बदला लेने की नीति पर चल रही है व न्याय सिर्फ़ ढकोसला है। किसी भी तरीके से उसे सज़ा देने से रोका नहीं जा सकता। उन्हें लगता था कि यदि इस मामले में कमज़ोरी दिखाई गयी तो जनचेतना में अंकुरित हुआ क्रान्ति बीज स्थिर नहीं हो पायेगा। पिता द्वारा दी गयी अर्जी से भगत सिंह की भावनाओं को भी चोट लगी थी, लेकिन अपनी भावनाओं को नियन्त्रित कर अपने सिद्धान्तों पर ज़ोर देते हुए उन्होंने 4 अक्तूबर, 1930 को यह पत्र लिखा, जो उनके पिता को देर से मिला। 7 अक्तूबर, 1930 को मुक़दमे का फ़ैसला सुना दिया गया।

अपने राजनीतिक मामलों की पैरवी कैसे की जाये, इसकी चर्चा भगत सिंह ने अपने इस पत्र में की है।

4 अक्तूबर, 1930

पूज्य पिताजी,

मुझे यह जानकर हैरानी हुई कि आपने मेरे बचाव पक्ष के लिए स्पेशल ट्रिब्यूनल को एक आवेदन भेजा है। यह ख़बर इतनी यातनामय थी कि मैं इसे खामोशी से बर्दाश्त नहीं कर सका। इस ख़बर ने मेरे भीतर की शान्ति भंग कर उथल–पुथल मचा दी है। मैं यह नहीं समझ सकता कि वर्तमान स्थितियों में और इस मामले पर आप किस तरह का आवेदन दे सकते हैं?

आपका पुत्र होने के नाते मैं आपकी पैतृक भावनाओं और इच्छाओं का पूरा सम्मान करता हूँ लेकिन इसके बावजूद मैं समझता हूँ कि आपको मेरे साथ सलाह–मशविरा किये बिना ऐसे आवेदन देने का कोई अधिकार नहीं था। आप जानते थे कि राजनीतिक क्षेत्र में मेरे विचार आपसे काफ़ी अलग हैं। मैं आपकी सहमति या असहमति का ख़्याल किये बिना सदा स्वतन्त्रतापूर्वक काम करता रहा हूँ।

मुझे यकीन है कि आपको यह बात याद होगी कि आप आरम्भ से ही मुझसे यह बात मनवा लेने की कोशिशें करते रहे हैं कि मैं अपना मुक़दमा संजीदगी से लड़ूँ और अपना बचाव ठीक से प्रस्तुत करूँ, लेकिन आपको

यह भी मालूम है कि मैं सदा इसका विरोध करता रहा हूँ। मैंने कभी भी अपना बचाव करने की इच्छा प्रकट नहीं की और न ही मैंने कभी इस पर संजीदगी से गौर किया है।

आप जानते हैं कि हम एक निश्चित नीति के अनुसार मुक़दमा लड़ रहे हैं। मेरा हर क़दम इस नीति, मेरे सिद्धान्तों और हमारे कार्यक्रम के अनुरूप होना चाहिए। आज स्थितियाँ बिल्कुल अलग हैं। लेकिन अगर स्थितियाँ इससे कुछ और भी अलग होतीं तो भी मैं अन्तिम व्यक्ति होता जो बचाव प्रस्तुत करता। इस पूरे मुक़दमे में मेरे सामने एक ही विचार था और वह यह कि हमारे विरुद्ध जो संगीन आरोप लगाये गये हैं, बावजूद उनके हम पूर्णतया इस सम्बन्ध में अवहेलना का व्यवहार करें। मेरा नज़रिया यह रहा है कि सभी राजनीतिक कार्यकर्त्ताओं को ऐसी स्थितियों में उपेक्षा दिखानी चाहिए। इस पूरे मुकदमे के दौरान हमारी योजना इस सिद्धान्त के अनुरूप रही है। हम ऐसा करने में सफल हुए या नहीं, यह फ़ैसला करना मेरा काम नहीं। हम ख़ुदगर्ज़ी को त्यागकर अपना काम कर रहे हैं।

वाइसराय ने लाहौर साज़िश केस ऑर्डिनेंस जारी करते हुए इसके साथ जो वक्तव्य दिया था, उसमें उन्होंने कहा था कि इस साज़िश के मुजरिम शान्ति व्यवस्था को समाप्त करने के प्रयास कर रहे हैं। इससे जो हालात पैदा हुए उसने हमें यह मौक़ा दिया कि हम जनता के समक्ष यह बात प्रस्तुत करें कि वह स्वयं देख ले कि शान्ति–व्यवस्था एवं क़ानून समाप्त करने की कोशिशें हम कर रहे हैं या हमारे विरोधी? इस बात पर मतभेद हो सकते हैं। शायद आप भी उनमें से एक हों जो इस बात पर मतभेद रखते हैं, लेकिन इसका मतलब यह नहीं कि आप मुझसे सलाह किये बिना मेरी ओर से ऐसे क़दम उठाएँ। मेरी ज़िन्दगी इतनी क़ीमती नहीं जितनी कि आप सोचते हैं। कम–से–कम मेरे लिए तो इस जीवन की इतनी क़ीमत नहीं कि इसे सिद्धान्तों को कुर्बान करके बचाया जाये। मेरे अलावा मेरे और साथी भी हैं जिनके मुक़दमे इतने ही संगीन हैं जितना कि मेरा मुकदमा। हमने एक संयुक्त योजना अपनाई है और इस योजना पर हम अन्तिम समय तक डटे रहेंगे। हमें इस बात की कोई परवाह नहीं कि हमें व्यक्तिगत रूप से इस बात के लिए कितना मूल्य चुकाना पड़ेगा।

पिताजी, मैं बहुत दुःख का अनुभव कर रहा हूँ। मुझे भय है, आप पर दोषारोपण करते हुए या इससे बढ़कर आपके इस काम की निन्दा

करते हुए मैं कहीं सभ्यता की सीमाएँ न लाँघ जाऊँ और मेरे शब्द ज़्यादा सख़्त न हो जायें। लेकिन मैं स्पष्ट शब्दों में अपनी बात अवश्य कहूँगा। यदि कोई अन्य व्यक्ति मुझसे ऐसा व्यवहार करता तो मैं इसे गद्दारी से कम न मानता, लेकिन आपके सन्दर्भ में मैं इतना ही कहूँगा कि यह एक कमज़ोरी है—निम्न स्तर की कमज़ोरी।

यह एक ऐसा समय था जब हम सबका इम्तिहान हो रहा था। मैं यह कहना चाहता हूँ कि आप इस इम्तिहान में नाकाम रहे हैं। मैं जानता हूँ कि आप भी इतने ही देशप्रेमी हैं जितना कि कोई और व्यक्ति हो सकता है। मैं जानता हूँ कि आपने अपनी पूरी ज़िन्दगी भारत की आज़ादी के लिए लगा दी है, लेकिन इस अहम मोड़ पर आपने ऐसी कमज़ोरी दिखाई, यह बात मैं समझ नहीं सकता।

अन्त में मैं आपसे, आपके अन्य मित्रों एवं मेरे मुक़दमे में दिलचस्पी लेने वालों से यह कहना चाहता हूँ कि मैं आपके इस क़दम को नापसन्द करता हूँ। मैं आज भी अदालत में अपना कोई बचाव प्रस्तुत करने के पक्ष में नहीं हूँ। अगर अदालत हमारे कुछ साथियो की ओर से स्पष्टीकरण आदि के लिए प्रस्तुत किये गये आवेदन को मंजूर कर लेती, तो भी मैं कोई स्पष्टीकरण प्रस्तुत न करता।

भूख हड़ताल के दिनों में ट्रिब्यूनल को जो आवेदन—पत्र मैंने दिया था और उन दिनों में जो साक्षात्कार दिया था, उन्हें गलत अर्थों में समझा गया है और अख़बारों में यह प्रकाशित कर दिया गया कि मैं अपना स्पष्टीकरण प्रस्तुत करना चाहता हूँ, हालाँकि मैं हमेशा स्पष्टीकरण प्रस्तुत करने के विरोध में रहा। आज भी मेरी वही मान्यता है जो उस समय थी।

बोरटर्ल जेल में बन्दी मेरे साथी इस बात को मेरी ओर से गद्दारी और विश्वासघात ही समझ रहे होंगे। मुझे उनके सामने अपनी स्थिति स्पष्ट करने का अवसर भी नहीं मिल सकता।

मैं चाहूँगा कि इस सम्बन्ध में जो उलझनें पैदा हो गयी हैं, उनके विषय में जनता को असलियत का पता चल जाये। इसलिए मैं आपसे प्रार्थना करता हूँ कि आप जल्द—से—जल्द यह चिट्ठी प्रकाशित कर दें।

आपका आज्ञाकारी

भगत सिंह

पर 17 अक्टूबर, 1950 को 300 पेज के फ़ैसले में यह कहा गया कि—साण्डर्स हत्याकाण्ड में भगत सिंह का शामिल होना उसके ख़िलाफ़

सबसे गम्भीर और महत्त्वपूर्ण तथ्य है और यह पर्याप्त गवाही से पूरा साबित होता है...।

जिस गवाही से साबित हुआ कि भगत सिंह ने साण्डर्स की हत्या में हिस्सा लिया था वह तीन बातों से सम्बन्धित थी–एक, उन आँखों देखी गवाहों से जिन्होंने भगत सिंह को पहचानने का दावा किया। दो, उन दोनों सरकारी गवाहों, जय गोपाल और हंसराज वोहरा की गवाही से जो भगत सिंह के साथ इस हत्या में शामिल थे और तीसरा, स्कॉट मारा गया पोस्टर को लिखाई विशेषज्ञ ने साबित कर दिया कि यह भगत सिंह की लिखी है।

देश में जगह–जगह फाँसी देने के निर्णय का विरोध किया जा रहा था। इस सज़ा के ख़िलाफ़ प्रिवी कौंसिल में अपील किया गया...पर वहाँ भी अपील खारिज कर दी गयी और भगत सिंह की फाँसी की सज़ा बरकरार रही।

गाँधी जी भी यरवदा जेल में अपनी सज़ा काट कर बाहर आ चुके थे। इर्विन और गाँधी की वार्ता का दौर चल रहा था।

गाँधी इर्विन वार्ता का अपना एक अलग ही महत्त्व था। इस वार्त्ता को ब्रिटिश राज्य के भारतीय इतिहास की एक प्रमुख घटना कही जा सकती है। ब्रिटिश साम्राज्य की स्थापना के बाद यह पहला अवसर था जब सरकार ने देश के किसी ऐसे प्रतिनिधि से बातचीत की, जिसने उसके अधिकार को चुनौती दी थी, सो भी बराबरी के आधार पर और पूरे सौजन्य के साथ। परन्तु भारत की राजनीतिक स्वतन्त्रता को पाने में दोनों के इस विचार–विमर्श के कोई स्पष्ट परिणाम प्रकट नहीं हुए।

लुई फिशर ने इस समझौते के सम्बन्ध में लिखा है कि–अन्त में बहुत से आपसी वाद–विवाद के बाद 5 मार्च को सुबह गाँधी–इर्विन समझौते पर हस्ताक्षर हो गये। दो राष्ट्रों के राजनीतिज्ञों ने एक इकरारनामे पर, एक सुलहनामे पर, एक स्वीकृत मसविदे पर हस्ताक्षर कर दिये जिसका हर वाक्य, हर शर्त्त, कड़ी सौदेबाज़ी से ठोक–ठोक कर तैयार की गयी थी। ब्रिटिश प्रवक्ताओं ने दावा किया कि इस लड़ाई में इर्विन की जीत हुई और इस दावे के पक्ष में काफ़ी कुछ कहा जा सकता था। परन्तु महात्मा जी जितनी दूर की बातों पर विचार करते थे उतनी दूर की बात कोई नहीं समझ सकता था, दरअसल इस वार्ता में भारत और इंग्लैण्ड के बीच सिद्धान्त रूप से जो बराबरी का दर्जा कायम हो गया था–वह उस

व्यावहारिक रियायत से अधिक महत्त्वपूर्ण था जिसे वह अनिच्छुक साम्राज्य से ऐंठ सकते थे।

महात्मा गाँधी और इर्विन में वार्ता का आधार ईश्वर थे। ये दोनों ही परस्पर एक–दूसरे की ओर अपने इस विश्वास के आधार पर आकर्षित होते गये कि विश्व का शासन करने वाली कोई सार्वभौम और नैतिक सत्ता है...। फिर भी महात्मा गाँधी एक निराले प्रतिद्वन्द्वी थे।

हाँ, वे निराले प्रतिद्वन्द्वी थे क्योंकि वे एक निराले नेता थे। निराले नेता और सभी नेताओं से अलग। जैसा कि लुई फिशर ने लिखा है कि प्रत्येक नेता के सरंजाम में एक दीवार भी शामिल रहा करती है। यह दीवार ऊँची, ईंटों की बनी हुई और पहरेदारों की पलटन भी हो सकती है या प्रश्न का उत्तर न देने तथा गूढ़ मुस्कराहट के रूप में हो सकती है। इसका उद्देश्य होता है दूरी तथा भय के द्वारा श्रद्धा उत्पन्न कराना और दुर्बलताओं तथा भेदों पर पर्दा डालना। गाँधी जी के चारों ओर ऐसी कोई दीवार नहीं थी। एक बार उन्होंने कहा था–मैं बिना किसी संकोच के कहता हूँ कि 'मैंने अपने सारे जीवन में कुटिलता का सहारा कभी नहीं लिया।' उनका मानस तथा उनकी संवेदनशीलता उनके शरीर से भी अधिक अनावृत था।

महात्मा गाँधी के मानस को लार्ड इर्विन की इस बात से समझा जा सकता है जो इर्विन ने तब के बारे में कही थी जब गाँधी–इर्विन समझौते के लिए वार्ता चल रही थी। इर्विन ने कहा कि पुलिस अत्याचारों की जाँच किये जाने की माँग के दौरान गाँधी जी ने थोड़ी देर बाद ही एक ऐसी बात कही जो बाद में मेरे लिए इस बात की कुंजी बन गयी कि मुझे उनके साथ किस तरह व्यवहार करना चाहिए। गाँधी जी ने कहा–'जब आप या एमर्सन अपनी बात की पुष्टि में प्रबल से प्रबल तर्क देते हैं तो उनका मुझ पर कोई असर नहीं पड़ता। किन्तु जब आप यह कहते हैं कि सरकार इससे कठिनाई में पड़ जायेगी और इसलिए आप मेरी बात मानने में असमर्थ हैं तो मेरा मन झुकने के लिए तैयार हो जाता है।'

और वाइसराय ने स्वयं माना है कि उनके इस उच्च मानवीय मूल्यों से उन्होंने पुलिस अत्याचारों के मामले में भी लाभ उठाया।

समझौते की शर्तों से पं. जवाहरलाल नेहरू, सुभाषचन्द्र बोस सहित तरुण राष्ट्रीय कार्यकर्त्तागण ख़ुश नहीं थे। महात्मा गाँधी ने अपनी बात उन लोगों को समझाने की कोशिश की कि सत्याग्रही जिस तरह संघर्ष

के लिए सदा तैयार रहता है उसी तरह वह समझौते के लिए भी सदा तैयार रहता है, उसे शान्ति और समझौते का सदा स्वागत करना चाहिए...।

रोमा रोलाँ की सोच थी कि आगे इस समझौते का क्या होगा कहना मुश्किल ज़रूर है लेकिन आज इंग्लैण्ड अपने प्रतिपक्ष की शक्ति की अथवा अहिंसा अस्त्र की कार्यकारिता की उपेक्षा करने में सक्षम नहीं है।

गाँधी–इर्विन पैक्ट के बारे में सुभाषचन्द्र बोस ने लिखा है कि बहुत सारे राजनीतिक क़ैदी इस पैक्ट के पक्ष में नहीं थे और वे स्वयं भी इसी भावना से भावित थे। वे स्वयं महात्मा गाँधी से मिलने बम्बई गये और बम्बई से महात्मा जी के साथ दिल्ली तक की यात्रा का वर्णन करते हुए लिखा है कि मैंने महात्मा जी से गाँधी इर्विन पैक्ट के बारे में लम्बी बात की थी। महात्मा जी ने उन्हें आश्वासन दिया कि... मैं इसमें अपनी पूरी क्षमता का इस्तेमाल करूँगा...।

पर सुभाषचन्द्र बोस ने लिखा है कि 'पैक्ट के बारे में जन प्रतिक्रिया क्या थी? यह देखकर मैं आश्चर्यचकित रह गया कि बम्बई से लेकर दिल्ली तक की यात्रा में हर जगह जो स्वागत और मान–सम्मान महात्मा जी का हुआ वह अभूतपूर्व था। उससे पता चल रहा था कि उनकी लोकप्रियता नयी ऊँचाई को छू गयी है। यह लोकप्रियता 1921 के रिकॉर्ड से भी आगे बढ़ गयी है...।'

इसके आगे वर्णन करते हुए सुभाषचन्द्र बोस लिखते हैं कि 'जैसे ही बम्बई से ट्रेन से हम लोग दिल्ली पहुँचे कि महात्मा जी को ख़बर मिली कि सरकार ने लाहौर षड्यन्त्र के सरदार भगत सिंह और उनके दो साथियों को फाँसी पर चढ़ाने का फ़ैसला कर लिया है। इन युवक को बचाने के लिए महात्मा जी को कहा गया और उन्होंने उन्हें बचाने के लिए अधिक से अधिक कोशिश भी की।'

सुभाषचन्द्र बोस ने महात्मा गाँधी से इसी मुद्दे पर इर्विन–गाँधी पैक्ट को तोड़ देने की भी सलाह दी पर यह सम्भव नहीं था क्योंकि गाँधी–इर्विन पैक्ट में इस फाँसी को लेकर कहीं कोई शर्तें नहीं रखी गयी थीं। सन्धि से तो तब हटने की बात की जा सकती थी जब सन्धि की शर्तों का उल्लंघन होता।

सुभाषचन्द्र बोस ने लिखा है, 'वाइसराय ने स्वयं महात्मा जी से कहा, कि मुझे तीन बन्दियों की फाँसी की सज़ा को रद्द करने के बारे में बहुत से लोगों के हस्ताक्षरों सहित अर्जी मिली है। फिलहाल मैं इस फाँसी की

सज़ा को स्थगित किये दे रहा हूँ, और फिर इस मामले पर गम्भीरता से विचार करूँगा। वाइसराय ने महात्मा जी से यह भी कहा कि इससे अधिक मुझ पर इस समय और दबाब न डाला जाय। महात्मा जी ने और हरेक ने वाइसराय के इस रवैये से यही अनुमान लगाया कि फाँसी अन्ततोगत्वा नहीं दी जायेगी और इससे सारे देश में ख़ुशी की लहर दौड़ गयी...।

सम्पूर्ण विवरण इस प्रकार घटित हुआ। जब महात्मा गाँधी ने अत्यन्त शालीनतापूर्वक वाइसराय के सामने भगत सिंह की फाँसी मुल्तवी करने की बात कही तो वाइसराय ने कहा–'आपने यह बात इस तरह मेरे सामने रखी इसके लिए मैं बहुत आभारी हूँ। सज़ा कम करना कठिन काम है। किन्तु फाँसी को मुल्तवी करने की बात पर तो ज़रूर विचार किया जाना चाहिए...।

गाँधी जी के मन में भी आशा का संचार हुआ। उन्होंने वाइसराय से कहा–वह बहादुर लड़का है पर उसका दिमाग़ ठिकाने पर नहीं है...। फिर मृत्युदण्ड बहुत बुरी चीज़ है क्योंकि वह ऐसे व्यक्ति को सुधरने का अवसर नहीं देता। मैं मानवीय दृष्टि से भी यह बात आपके सामने रख रहा हूँ...। ये सारी बातें 19 फ़रवरी को हुईं।

25 फ़रवरी को महात्मा गाँधी को लाला लाजपत राय के चित्र का अनावरण करने के लिए हिन्दू कॉलेज दिल्ली में बुलाया गया था। उन्होंने विद्यार्थियों को धन्यवाद देते हुए कहा–मुझे हमेशा विद्यार्थियों के साथ खेलने में, उनकी प्रशंसा करने में और उन्हें डाँटने में (हँसी) सुख मिलता है। पूर्ण स्वराज्य तब तक नहीं आ सकता जब तक विद्यार्थियों का हृदय मैं आकर्षित नहीं कर लेता।

इसमें सन्देह नहीं कि आप 'इन्क़लाब' के नारे ज़ोर से लगाते रहे हैं लेकिन मैं चाहता हूँ आप ये तीन गुण अपने अन्दर विकसित करें (1) मर्यादा (2) संयम (3) चरित्र बल। ये तीनों चीज़ें अन्यत्र कहाँ पायी जा सकती है? स्वराज्य–संघर्ष आत्मशुद्धि का यज्ञ है और मुझे आशा है कि इस यज्ञ में विद्यार्थी सबसे बड़ा योगदान देंगे।

उन्होंने विद्यार्थियों के सामने तीन काम रखे जिसे उन्हें पूरा करने के लिए भी कहा–बूढ़ो को लड़ने दीजिए पर आप हिन्दू–मुस्लिम एकता के लिए काम करें, दूसरा, अस्पृश्यता अभिशाप को अपनी ज़िन्दगी और समाज से बाहर निकाल दें; तीसरा, खादी पहनें क्योंकि यह चरखा रूपी शक्तिशाली शस्त्र ही है जो देश के करोड़ों लोगों को मुक्ति दिलाएगा।

7 मार्च, 1931 को महात्मा गाँधी से दिल्ली के नवयुवकों ने यह प्रश्न किया कि 'यह शान्ति पैक्ट कैसे हुआ जब देशभक्तों के सिर पर फाँसी की सज़ा मँडरा रही है? जवाब देते हुए महात्मा गाँधी ने कहा, 'सवाल भगत सिंह और दूसरे लोगों के बारे में है जिन्हें मौत की सज़ा दी जा चुकी है...। यह दुर्भाग्य है कि इस प्रश्न को करने वाले नौजवान इस सीधी–सादी बात को नहीं समझ पा रहे कि हमने कोई शान्ति सन्धि नहीं की है सिर्फ़ अल्पकालीन और अस्थायी समझौता किया है।'

महात्मा गाँधी ने पुनः युवकों से अपील करते हुए कहा–'मैं युवकों से प्रार्थना करता हूँ कि वे व्यवहार, बुद्धि, आवेशहीन वीरता, धैर्य और विवेक को तिलांजलि न दे दें। मैंने 62 वर्षीय युवक होने का दावा किया है परन्तु यदि मुझे जीर्ण–शीर्ण, बूढ़े और पुराणपन्थी की संज्ञा भी दे दी जाये तो भी मुझे आपसे विवेकपूर्ण काम करने की प्रार्थना करने का अधिकार है। मैं यह नहीं चाहता कि बूढ़े लोग आपको जो कुछ कहें आप उसे निःसंकोच स्वीकार कर लें। परन्तु मैं चाहता हूँ कि आप उस पर सोच–विचार करें, उसे तोल कर देखें और यदि आपको लगे कि बूढ़े लोगों ने काम को बिगाड़ दिया है और हम कमज़ोर साबित हुए हैं तो सब प्रबन्ध हमसे ले लें और ख़ुद काम सँभाल लें। परन्तु उसकी पहली शर्तें हैं–आवेशहीन वीरता और ठोस व्यावहारिक ज्ञान।'

महात्मा गाँधी ने अपनी बात जारी रखते हुए कहा–'गाँधी–इर्विन पैक्ट के मद्देनजर भगत सिंह और बाक़ी लोग रिहा क्यों नहीं हो सकते? हो सकता है कि यदि आप समझौते की बातचीत कर रहे होते तो आप वाइसराय को ज़्यादा अच्छी शर्तों के लिए राजी कर लेते परन्तु कार्य समिति के लोग तो इससे ज़्यादा प्राप्त नहीं कर सकते थे। मैं आपको बता दूँ कि सारी समझौता वार्ता के दौरान मैंने स्वतन्त्र रूप से कुछ नहीं किया। समझौते करते वक़्त हम जितना दबाव डाल सकते थे उतना हमने डाला और अस्थायी समझौते के अन्तर्गत हमें जो कुछ न्यायपूर्वक मिल सकता था उससे सन्तोष कर लिया। पर अस्थायी सन्धि के लिए मध्यस्थता करने वाले हम लोग सत्य और अहिंसा के अपने प्रण और न्याय की सीमाओं को नहीं भूल सकते थे।

'परन्तु भगत सिंह और उन सबको रिहा कराने का रास्ता अब भी खुला हुआ है। आप समझौते को कार्यरूप दें तो ऐसा हो सकता है। 'यंग इंडिया' समझौते का समर्थन करें और इसकी सारी शर्तों को पूरा करें और

यदि ईश्वर ने चाहा और हमारे उपर्युक्त स्थिति पर पहुँचने तक भगत सिंह और दूसरे लोग जीवित रहे तो वे फाँसी के तख्ते पर लटकने से ही नहीं बच जायेंगे परन्तु रिहा भी कर दिये जायेंगे।'

'परन्तु इन चीजों को माँगना आसान है, पाना नहीं। आप उन लोगों की रिहाई की माँग करते हैं जिन्हें हिंसा के आरोप में फाँसी की सज़ा दी गयी है, यह कोई गलत बात नहीं है। मेरा अहिंसा धर्म चोर डाकुओं और यहाँ तक कि हत्यारों को भी सज़ा देने के पक्ष में नहीं है। भगत सिंह जैसे बहादुर आदमी को फाँसी पर लटकाने की बात तो दूर रही, मेरी अन्तरात्मा तो किसी को भी, फाँसी के तख्ते पर लटकाने की गवाही नहीं देती। यदि आपको हिंसा पर ही विश्वास है तो मैं निश्चयपूर्वक बता सकता हूँ कि आप केवल भगत सिंह को ही नहीं छुड़ा सकेंगे बल्कि आपको भगत सिंह जैसे और हज़ारों लोगों को भी बलिदान करना पड़ेगा, मैं वैसा करने के लिए तैयार नहीं था और इसलिए मैंने शान्ति और अहिंसा का मार्ग ज़्यादा बेहतर समझा। आपने जो मार्ग अपनाया है उसकी शताब्दियों से परीक्षा हो रही है। इतिहास में इस तथ्य के असंख्य उदाहरण हैं कि जो तलवार का प्रयोग करते हैं वे तलवार से ही नष्ट हो जाते हैं। आप हिंसा का प्रयोग अपने शासकों के विरुद्ध ही नहीं करेंगे, आप अपने भाई–बहनों के विरुद्ध भी उसका प्रयोग करेंगे और आपकी जैसी विचारधारा वाले लोग उसका प्रयोग आपके विरुद्ध करेंगे।'

यह अपील थी, यह प्रार्थना थी उस बूढ़े महात्मा की, जिसके बारे में सुभाषचन्द्र बोस ने कहा था उस अवधि में पूरा हिन्दुस्तान उनके चरणों में नतमस्तक था पर वह कितनी विनम्रता से अपने बच्चों को समझा रहा था जैसे पिता अपने पुत्र को समझाता है। गलत रास्ते को छोड़कर आ जा मेरे पास या चल सीधे रास्ते पर..., वैसे ही महात्मा गाँधी नौजवान भारत सभा के नवयुवकों को समझा रहे थे।

जब लोगों में आशा की एक किरण दिखाई दे रही थी कि भगत सिंह फाँसी की सज़ा से बच जायेंगे तभी अचानक महात्मा गाँधी तथा अन्य लोगों को पता चला कि अंग्रेज़ी सरकार भगत सिंह को फाँसी की सज़ा दे रही है।

महात्मा गाँधी ने बिना एक पल गँवाए वाइसराय को एक पत्र लिखा जिसमें भगत सिंह की फाँसी की सज़ा को माफ़ करने की प्रार्थना थी...।

महात्मा गाँधी ने वाइसराय को पत्र लिखते हुए कहा–प्रिय मित्र...

आपको यह पत्र लिखना आपके प्रति क्रूरता करने–जैसा लगता है; पर शान्ति के हित में अन्तिम अपील करना आवश्यक है। यद्यपि आपने मुझे साफ़–साफ़ बता दिया था कि भगत सिंह और अन्य दो लोगों की मौत की सज़ा में कोई रियायत किये जाने की आशा नहीं हैं, फिर भी आपने मेरे शनिवार के निवेदन पर विचार करने को कहा था। डॉ. सप्रू मुझसे कल मिले और उन्होंने मुझे बताया कि आप इस मामले से चिन्तित हैं और आप कोई रास्ता निकालने का विचार कर रहे हैं। यदि इस पर पुनः विचार करने की कुछ गुंजाइश हो, तो मैं आपका ध्यान निम्न बातों की ओर दिलाना चाहता हूँ।

जनमत, वह सही हो या गलत, सज़ा में रियायत चाहता है। जब कोई सिद्धान्त दाँव पर न हो तो लोकमत का मान करना हमारा कर्त्तव्य हो जाता है।

प्रस्तुत मामले में स्थिति ऐसी है कि यदि सज़ा हल्की की जाती है तो बहुत सम्भव है कि आन्तरिक शान्ति की स्थापना में सहायता मिले। यदि मौत की सज़ा दी गयी तो निस्सन्देह शान्ति खतरे में पड़ जायेंगी।

मैं आपको यह सूचित कर सकता हूँ कि क्रान्तिकारी दल ने मुझे यह आश्वासन दिया है कि यदि इन लोगों की जान बख्श दी जाये तो यह दल अपनी कार्यवाहियाँ बन्द कर देगा। यह देखते हुए मेरी राय में मौत की सज़ा को, क्रान्तिकारियों द्वारा होने वाली हत्याएँ जब तक बन्द रहती हैं, तब तक तो मुल्तवी कर देना एक लाजमी फर्ज बन जाता है।

राजनीतिक हत्याओं के मामलों में इससे पहले भी तरजीह दी जा चुकीं है। यदि ऐसा करने से बहुत–सी अन्य निर्दोष जान बचाई जा सकती हों तो उनका बचाना लाभदायक होगा। हो सकता है कि इससे क्रान्तिकारियों की आतंकपूर्ण कार्यवाहियाँ लगभग समाप्त हो जायें।

चूँकि आम शान्ति–स्थापना के लिए मेरे प्रभाव को, जैसा भी वह है, उपयोगी समझते प्रतीत होते हैं, इसलिए अकारण ही मेरी स्थिति को भविष्य के लिए और ज़्यादा कठिन न बनाइए, यों ही वह कुछ सरल नहीं है।

मौत की सज़ा पर अमल हो जाने के बाद तो वह क़दम वापस नहीं लिया जा सकता। यदि आप यह सोचते हैं कि फ़ैसले में थोड़ी भी गुंजाइश है, तो मैं आपसे यह प्रार्थना करूँगा कि इस सज़ा को, जिसे फिर वापस नहीं लिया जा सकता, आगे और विचार करने के लिए स्थगित कर दें।

यदि मेरी उपस्थिति आवश्यक हो तो मैं आ सकता हूँ। यद्यपि मैं बोल नहीं सकूँगा, पर मैं सुन सकता हूँ और जो–कुछ कहना चाहता हूँ, वह लिखकर बता सकूँगा।

दया कभी निष्फल नहीं जाती।

मैं हूँ

आपका विश्वस्त मित्र

पर वाइसराय का दो टूक उत्तर आ गया। मैंने आपकी हर बात पर दुबारा बड़े गौर से विचार किया है और मैं आपका काम कदापि और कठिन नहीं बनाना चाहूँगा ख़ासकर वर्तमान हालत में। लेकिन मुझे लगता है कि उन कारणों से जिन्हें बातचीत के दौरान मैंने आपको पूरी तरह समझाने की कोशिश की थी, मुझे किसी तरह ऐसा नहीं लगता कि आप जो कुछ करने का अनुरोध कर रहे हैं उसे करना ठीक होगा।

सारी आशाएँ धूमिल हो गयीं। वाइसराय के इस फरमान से लोगों के मन में निराशा के बादल भर गये...। जीवन मुट्ठी से रेत की तरह निकलता दीख रहा था। उन नौजवान क्रान्तिकारियों की आँखों में कितने सपने थे... भले ही वे लोग व्यावहारिक न हों, भले ही उनके कार्य आवेशित हों पर इसमें किसी को शक नहीं था कि सब के सब देशभक्ति की भावना से ओत–प्रोत थे।

फाँसी पर लटकाये जाने से 3 दिन पूर्व–20 मार्च, 1931 को–सरदार भगत सिंह और उनके सहयोगियों–श्री राजगुरु एवं श्री सुखदेव–ने निम्नांकित पत्र के द्वारा सम्मिलित रूप से पंजाब के गवर्नर से माँग की थी कि उन्हें युद्धबन्दी माना जाये और फाँसी पर लटकाये जाने के बजाय गोली से उड़ा दिया जाये। यह पत्र इन राष्ट्रवीरों की प्रतिभा, राजनीतिक मेधा, साहस एवं शौर्य की अमरगाथा का एक महत्त्वपूर्ण अध्याय है।

20 मार्च, 1931

प्रति, गवर्नर पंजाब, शिमला

महोदय,

उचित सम्मान के साथ हम नीचे लिखी बातें आपकी सेवा में रख रहे हैं–भारत की ब्रिटिश सरकार के सर्वोच्च अधिकारी वाइसराय ने एक विशेष अध्यादेश जारी करके लाहौर षड्यन्त्र अभियोग की सुनवाई के लिए एक विशेष न्यायाधिकरण ट्रिब्यूनल स्थापित किया था, जिसने 7 अक्तूबर, 1930 को हमें फाँसी का दण्ड सुनाया। हमारे विरुद्ध

सबसे बड़ा आरोप यह लगाया गया है कि हमने सम्राट् जॉर्ज पंचम के विरुद्ध युद्ध किया है।

न्यायालय के इस निर्णय से दो बातें स्पष्ट हो जाती हैं–

पहली यह कि अंग्रेज़ जाति और भारतीय जनता के मध्य एक युद्ध चल रहा है। दूसरे यह कि हमने निश्चित रूप में इस युद्ध में भाग लिया है, अतः हम युद्धबन्दी हैं।

यद्यपि इनकी व्याख्या में बहुत सीमा तक अतिशयोक्ति से काम लिया गया है तथापि हम कहे बिना नहीं रह सकते कि ऐसा करके हमें सम्मानित किया गया है। पहली बात के सम्बन्ध में हम तनिक विस्तार से प्रकाश डालना चाहते हैं। हम नहीं समझते कि प्रत्यक्ष रूप में ऐसी कोई लड़ाई छिड़ी हुई है। हम नहीं जानते कि युद्ध छिड़ने से न्यायालय का आशय क्या है? परन्तु हम इस व्याख्या को स्वीकार करते हैं और साथ ही इसे इसके ठीक सन्दर्भ में समझाना चाहते हैं।

अन्तिम युद्ध

निकट भविष्य में अन्तिम युद्ध लड़ा जायेगा और यह युद्ध निर्णायक होगा। साम्राज्यवाद व पूँजीवाद कुछ दिनों के मेहमान हैं। यही वह लड़ाई है जिसमें हमने प्रत्यक्ष रूप से भाग लिया है और हम अपने पर गर्व करते हैं कि इस युद्ध को न तो हमने प्रारम्भ ही किया है और न यह हमारे जीवन के साथ समाप्त ही होगा। हमारी सेवाएँ इतिहास के उस अध्याय में लिखी जायेंगी जिसको यतीन्द्रनाथ दास और भगवतीचरण के बलिदानों ने विशेष रूप से प्रकाशमान कर दिया है। इनके बलिदान महान हैं। जहाँ तक हमारे भाग्य का सम्बन्ध है, हम ज़ोरदार शब्दों में आपसे यह कहना चाहते हैं कि आपने हमें फाँसी पर लटकाने का निर्णय कर लिया है। आप ऐसा करेंगे ही, आपके हाथों में शक्ति है और आपको अधिकार भी प्राप्त है। परन्तु इस प्रकार आप 'जिसकी लाठी उसकी भैंस' वाला सिद्धान्त ही अपना रहे हैं और आप उस पर कटिबद्ध हैं। हमारे अभियोग की सुनवाई इस बात को सिद्ध करने के लिए पर्याप्त है कि हमने कभी कोई प्रार्थना नहीं की और अब भी हम आपसे किसी प्रकार की दया की प्रार्थना नहीं करते। हम आपसे केवल यह प्रार्थना करना चाहते हैं कि आपकी सरकार के ही एक न्यायालय के निर्णय के अनुसार हमारे विरुद्ध युद्ध जारी रखने का अभियोग है। इस स्थिति में हम युद्ध

बन्दी हैं, अतः इस आधार पर हम आपसे माँग करते हैं कि हमारे प्रति युद्धबन्दियों जैसा ही व्यवहार किया जाये और हमें फाँसी देने के बदले गोली से उड़ा दिया जाये।

अब यह सिद्ध करना आपका काम है कि आपको उस निर्णय में विश्वास है जो आपकी सरकार के एक न्यायालय ने किया है। आप अपने कार्य द्वारा इस बात का प्रमाण दीजिए। हम विनयपूर्वक आपसे प्रार्थना करते हैं कि आप अपने सेवा–विभाग को आदेश दे दें कि हमें गोली से उड़ाने के लिए एक सैनिक टोली भेज दी जाये।

भवदीय

भगत सिंह, राजगुरु, सुखदेव

बलिदान से पहले भगत सिंह ने अपने साथियों को भी एक पत्र 22 मार्च 1931 को लिखा था–

साथियो,

स्वाभाविक है कि जीने की इच्छा मुझमें भी होनी चाहिए, मैं इसे छिपाना नहीं चाहता। लेकिन मैं एक शर्त पर ज़िन्दा रह सकता हूँ, कि मैं क़ैद होकर या पाबन्द होकर जीना नहीं चाहता।

मेरा नाम हिन्दुस्तानी क्रान्ति का प्रतीक बन चुका है और क्रान्तिकारी दल के आदर्शों और कुर्बानियों ने मुझे बहुत ऊँचा उठा दिया है–इतना ऊँचा कि जीवित रहने की स्थिति में इससे ऊँचा मैं हरगिज नहीं हो सकता।

आज मेरी कमजोरियाँ जनता के सामने नहीं हैं। अगर मैं फाँसी से बच गया तो वे ज़ाहिर हो जायेंगी और क्रान्ति का प्रतीक चिह्न मद्धिम पड़ जायेगा या सम्भवतः मिट ही जाये। लेकिन दिलेराना ढंग से हँसते–हँसते मेरे फाँसी चढ़ने की सूरत में हिन्दुस्तानी माताएँ अपने बच्चों के भगत सिंह बनने की आरज़ू किया करेंगी और देश की आज़ादी के लिए कुर्बानी देने वालों की तादाद इतनी बढ़ जायेगी कि क्रान्ति को रोकना साम्राज्यवाद या तमाम शैतानी शक्तियों के बूते की बात नहीं रहेगी।

हाँ, एक विचार आज भी मेरे मन में आता है कि देश और मानवता के लिए जो कुछ करने की हसरतें मेरे दिल में थीं, उनका हजारवाँ भाग भी पूरा नहीं कर सका। अगर स्वतन्त्र, ज़िन्दा रह सकता तब शायद उन्हें पूरा करने का अवसर मिलता और मैं अपनी हसरतें पूरी कर सकता। इसके सिवाय मेरे मन में भी कोई लालच फाँसी से बचे रहने का नहीं आया। मुझसे अधिक सौभाग्यशाली कौन होगा? आजकल मुझे स्वयं पर बहुत गर्व

है। अब तो बड़ी बेताबी से अन्तिम परीक्षा का इन्तजार है। कामना है कि यह और नजदीक हो जाये।

आपका साथी भगत सिंह

महात्मा गाँधी भी मानते थे कि अंग्रेज़ी हुकूमत ने ऐसी परिस्थितियाँ पैदा कर दी थी कि लोग अपना होशोहवास खो दें... और इन देशभक्त नौजवानों ने भी यही किया और जान की बाजी लगा दी...।

भगत सिंह की माँ, पिता, भाई–बहन ही नहीं पूरा देश मातम में डूब गया...। महात्मा गाँधी ने भी भगत सिंह के शहीद हो जाने के बाद एक शोक संवेदना दिया... वे भी दुखी थे। पर वे महात्मा भी तो थे, गीता के अनासक्त योगी स्थितप्रज्ञ भी थे... वे शोक संवेदना देते वक्त भी अन्य क्रान्तिकारी नौजवानों को हिंसा के रास्ते से अलग रहने की अपील भी कर रहे थे।

महात्मा गाँधी ने अपनी अपील में कहा–'भगत सिंह और उनके साथी फाँसी पाकर शहीद बन गये हैं। ऐसा लगता है मानो उनकी मृत्यु से हज़ारों लोगों की निजी हानि हुई है। इन नवयुवक देशभक्तों की याद में प्रशंसा के जो शब्द कहे जा सकते हैं, मैं उनके साथ हूँ। तो भी, देश के युवकों को उनके उदाहरण की नकल करने के विरुद्ध चेतावनी देता हूँ। बलिदान करने का अपनी शक्ति, अपने परिश्रम और त्याग करने के अपने उत्साह का उपयोग हम उनकी तरह न करें। इस देश की मुक्ति ख़ून करके प्राप्त नहीं की जानी चाहिए।'

महात्मा गाँधी ने अपील में आगे कहा–'सरकार के बारे में मुझे ऐसा लगे बिना नहीं रहता कि उसने क्रान्तिकारी पक्ष को अपने पक्ष में करने का सुनहरा अवसर गँवा दिया है। समझौते को दृष्टि में रखकर और कुछ नहीं तो फाँसी की सज़ा को अनिश्चित काल तक अमल में न लाना उसका फर्ज़ था। सरकार ने अपने काम से समझौते को बड़ा धक्का पहुँचाया है और एक बार फिर लोकमत को ठुकराने और अपने अपरिमित पशुबल का प्रदर्शन करने की शक्ति को साबित किया है।'

'पशुबल से काम लेने का यह आग्रह कदाचित अशुभ का सूचक है और यह बताता है कि वह मुँह से तो शानदार और नेक इरादे ज़ाहिर करती है, पर सत्ता नहीं छोड़ना चाहती। फिर भी प्रजा का कर्त्तव्य तो स्पष्ट है।'

कांग्रेसियों में आक्रोश और उत्तेजना का ज्वार फूट रहा था। गाँधी जी ने उनसे भी कहा–

'कांग्रेस को अपने निश्चित मार्ग से नहीं हटना चाहिए। मेरा मत तो यह है कि ज़्यादा–से–ज़्यादा उत्तेजना का कारण होने पर भी कांग्रेस समझौते को मान्य रखे और आशानुकूल परिणाम प्राप्त करने की शक्ति की परीक्षा होने दे।'

'गुस्से में आकर हमें गलत मार्ग पर नहीं जाना चाहिए। सज़ा में कमी करना समझौते का भाग नहीं था, यह हमें समझ लेना चाहिए। हम सरकार पर गुण्डाशाही का आरोप तो लगा सकते हैं, किन्तु हम उस पर समझौते की शर्तों को भंग करने का आरोप नहीं लगा सकते। मेरा निश्चित मत है कि सरकार द्वारा की गयी इस गम्भीर भूल के परिणामस्वरूप स्वतन्त्रता प्राप्त करने की हमारी शक्ति में वृद्धि हुई है और उसके लिए भगत सिंह और साथियों ने मृत्यु को भेंटा है।'

'थोड़ा भी क्रोधपूर्ण काम करके हम मौक़े को हाथ से न गँवा दें। सार्वजनिक हड़ताल होगी, यह तो निर्विवाद ही है। बिल्कुल शान्त और गम्भीरता के साथ जुलूस निकालने से बढ़कर और किसी दूसरे तरीक़े से हम मौत के मुँह में जाने वाले इन देशभक्तों का सम्मान कर भी नहीं सकते।' अपील के अन्त में महात्मा गाँधी ने सार्वजनिक हड़ताल की घोषणा कर दी।

23 मार्च, 1931 को भगत सिंह को फाँसी की सज़ा दी गयी और 26 मार्च को अखिल भारतीय कांग्रेस कमिटी की बैठक कराची में थी तथा 29 मार्च को कांग्रेस का खुला अधिवेशन होना था।

सुभाषचन्द्र बोस ने, जो स्वयं काँग्रेस अधिवेशन में भाग लेने कराची आये थे, लिखा है–'प्रत्येक व्यक्ति इस बात का अनुभव कर रहा था कि कांग्रेस अधिवेशन एक शोक–सन्तप्त वातावरण में हो रहा है। कांग्रेस अध्यक्ष ने यह आदेश दे दिया था कि अधिवेशन के पहले दिन जो हर्षोल्लास हुआ करता है, वह कुछ न किया जाये।'

जब महात्मा गाँधी कराची 26 मार्च, 1931 को गाड़ी से उतरे तो कुछ नौजवानों ने उन्हें काले फूलों की माला और कुछ काले झण्डे भी दिखाए...। कुछ ने 'गाँधीवाद का नाश हो' का नारा भी लगाया। महात्मा गाँधी ने सत्य की स्याही से भिगोंए हुए इन शब्दों से उन नौजवानों तक अपनी भावना को पहुँचाया–

कराची

26 मार्च, 1931

'मैं भगत सिंह और उसके साथियों की मौत को सज़ा में परिवर्तन नहीं करवा सका और इसी कारण नवयुवकों ने मेरे प्रति अपना क्रोध प्रदर्शित किया है। मैं इसके लिए पूरी तरह से तैयार था। यद्यपि वे मुझ पर बहुत नाराज़ थे, फिर भी मैं सोचता हूँ कि उन्होंने अपने क्रोध का प्रदर्शन बहुत ही सभ्य ढंग से किया। वे चाहते तो आसानी से मारपीट कर सकते थे; पर उन्होंने ऐसा कुछ नहीं किया। वे कई तरह से मुझे अपमानित कर सकते थे पर उन्होंने अपने क्रोध पर अंकुश रखा और मेरा अपमान केवल काले कपड़े के फूल, जो कि, मैं समझता हूँ, तीनों देशभक्तों की चिता की राख के प्रतीक थे, देकर किया। इन्हें भी वे मेरे ऊपर बरसा सकते थे अथवा मुझ पर फेंक सकते थे, पर उन्होंने यह सब न करके मुझे अपने हाथों से फूल लेने की छूट दी और मैंने कृतज्ञतापूर्वक इन फूलों को लिया। निः सन्देह उन्होंने 'गाँधीवादी का नाश हो,' 'गाँधी, वापस जाओ' के नारे लगाये और इसे मैं उनके क्रोध का सही प्रदर्शन मानता हूँ। इस प्रकार के तथा इससे भी कहीं अधिक प्रचण्ड प्रदर्शनों का आदी होने के कारण मैं अविचलित रहा और मैंने इस अपमान को उनके दुःख और उसके फलस्वरूप उत्पन्न होने वाले क्रोध का एक सौम्य प्रदर्शन मात्र माना। मैं आशा करता हूँ कि वे कांग्रेस के पूरे अधिवेशन भर उसी तरह के संयम से काम लेंगे जैसा कि उन्होंने कल प्रदर्शित किया था, क्योंकि वे जानते हैं कि मैं भी उनके साथ उसी उद्देश्य की प्राप्ति के लिए प्रयत्नशील हूँ। अन्तर केवल इतना है कि मेरा रास्ता उनसे बिल्कुल अलग है। और मुझे इसमें तनिक भी सन्देह नहीं कि जैसे–जैसे समय बीतता जायेगा, वे यह समझ जायेंगे कि उनका रास्ता गलत था। अन्य देशों के सम्बन्ध में चाहे कुछ भी सच हो, पर इस देश में जहाँ करोड़ों भूखे लोग भरे पड़े हैं, हिंसा का सिद्धान्त कोई अर्थ नहीं रखता। आत्म–दमन और कायरता से भरे दब्बूपन वाले इस देश में हमें साहस और आत्म–बलिदान का आधिक्य नहीं मिल सकता। भगत सिंह के साहस और बलिदान के सम्मुख मस्तक नत हो जाता है। परन्तु, यदि मैं अपने नौजवान भाइयों को नाराज़ किये बिना कह सकूँ तो मुझे इससे भी बड़े साहस को देखने की इच्छा है। मैं एक ऐसा नम्र, सभ्य और अहिंसक साहस चाहता हूँ जो किसी को चोट पहुँचाये बिना अथवा मन में किसी को चोट पहुँचाने का तनिक भी विचार रखे बिना फाँसी पर झूल जाये।'

क्रान्तिकारियों का एक बहुत बड़ा दल महात्मा गाँधी से मिलने आया। उन्हीं में से एक ने अपना प्रश्न उनके समक्ष रखा–भगत सिंह और उसके

साथियों को फाँसी की सज़ा दिये जाने के कारण समझौते के सम्बन्ध में आपकी स्थिति में कुछ फ़र्क़ पड़ता है?

महात्मा गाँधी का उत्तर था–मेरी व्यक्तिगत स्थिति में तो बिल्कुल फ़र्क़ नहीं पड़ता, किन्तु यह अत्यधिक उत्तेजक घटना है। मैं यह मानता हूँ कि इस सज़ा को रद्द करना समझौते का अंग नहीं था और जहाँ तक मेरा सम्बन्ध है, शर्तों के बाहर दी गयी कोई भी उत्तेजना मुझे उस मार्ग से नहीं डिगा सकती जो मैंने समझौता करते समय तय किया था।

क्रान्तिकारियों ने फिर प्रश्न किया–क्या आप ऐसी सरकार को क्षमा करना अविवेकपूर्ण मानते हैं जो हज़ारों लोगों की हत्या के लिए ज़िम्मेदार है?

महात्मा गाँधी ने सहजता से उत्तर दिया–मुझे ऐसा कोई भी उदाहरण याद नहीं आता जहाँ क्षमा करना अविवेकपूर्ण हो।

क्रान्तिकारियों में से किसी ने व्यंग्यात्मक प्रश्न किया–परन्तु आज तक किसी भी देश ने इस प्रकार की क्षमा नहीं दिखाई जैसी क्षमा भारत ब्रिटेन के प्रति दिखा रहा है?

महात्मा गाँधी ने पुनः बड़ी सहजता से कहा–इससे मेरे उत्तर में कोई अन्तर नहीं पड़ता। जो व्यक्तियों के सम्बन्ध में सत्य है, वही राष्ट्रों के लिए भी सत्य है। क्षमाशीलता की कोई सीमा नहीं है। निर्बल क्षमा नहीं कर सकता। क्षमा बलवान का ही भूषण हैं।

महात्मा गाँधी को काले झंडे दिखाने से बहुत सारे लोग मर्माहत थे पर उन्होंने यह कहकर लोगों की मायूसी हर ली कि उनका क्रोध ज़ाहिर करना स्वाभाविक है। नौजवानों की राय थी कि यदि अंग्रेज़ी हुकूमत ने फाँसी की सज़ा दी है तो उसके साथ समझौता क्यों?

गाँधी जी ने उन नौजवानों की भावना के प्रति पूरी तरह सहानुभूति व्यक्त करते हुए कहा कि इनका गुस्सा जायज है पर साथ ही वे यह भी कहते रहे कि फाँसी की सज़ाएँ रद्द करना समझौते की शर्तों में शामिल नहीं था और इसलिए उन्होंने शान्ति का जो पथ स्वीकार किया है, वे उस पर दृढ़ बने रहेंगे।

महात्मा गाँधी ने भगत सिंह, सुखदेव और राजगुरु की वीरता और बलिदान की मुक्त कंठ से प्रशंसा की किन्तु साथ में यह भी कहा कि हमारा साहस ऐसा नम्र, सभ्य और अहिंसक हो जो किसी को चोट पहुँचाये बिना अथवा मन में किसी को चोट पहुँचाने का तनिक भी विचार किये बिना फाँसी पर झूल जाये। उन्होंने कहा कि किसी विदेशी

की हिंसा करने और अपने देशवासी की हिंसा करने में अन्तर नहीं किया जा सकता।

26 मार्च को कांग्रेस कार्यकारिणी की बैठक में महात्मा गाँधी ने कराची अधिवेशन में नौजवानों के द्वारा अपने साथ किये गये विरोध पर एक लम्बी चर्चा करते हुए कहा कि यह विरोध एक छोटी घटना है पर मैं इसके लिए उनके बारे में बात कर रहा हूँ कि कहीं आप इन नौजवानों के बारे में कहीं गलत राय न बना लें।

कांग्रेस–मण्डप में गाँधी जी ने 'प्रथम भाषण' जिसे 'मंगलाचरण का भाषण' कहना भी अनुचित न होगा–26 मार्च को दिया और विशाल श्रोता–समूह ने मन्त्रमुग्ध होकर उसे सुना। गाँधी जी ने भाषण प्रारम्भ करते हुए कहा –

"हम आकाश को ईश्वर का राज्य मानते आये हैं। हमारी यह कल्पना है कि ईश्वर हमें अपने सन्देश और आदेश ऊपर से भेजता है, और इस तरह हम उसके साथ सम्बन्ध बनाये रखते हैं। आज तक हम ईश्वर और अपने बीच में पर्दा रखे हुए थे। स्वागत–समिति ने यह पर्दा हटा दिया है और हमारा ईश्वर के साथ सीधा सम्बन्ध जोड़ दिया है। मैं इसके लिए समिति का आभार मानता हूँ। अब हम अपने में मलिनता को घुसने देकर नया पर्दा पैदा न करें। इसे अपनी क़ीमती पूँजी मान कर अब हम अपना काम शुरू करें। स्वतन्त्रता–प्राप्ति के लिए हमने सत्य और अहिंसा का सनातन मार्ग पसन्द किया है। इस सीधे और सँकरे रास्ते पर चलने वाले की कभी दुर्गति होती ही नहीं, ईश्वर के इस अभिवचन से हमें श्रद्धा और आशा प्राप्त करनी चाहिए।"

भगत सिंह की फाँसी के विषय में पुनः गाँधीजी ने अपने विचार रखते हुए कहा–

"उन्हें फाँसी पर लटका कर सरकार ने लोगों को ग़ुस्सा होने का जबर्दस्त कारण दिया है। मुझे भी इससे चोट पहुँची है, क्योंकि हमारे विचार–परामर्श और बातचीत से मुझे धुँधली–सी आशा बँध गयी थी कि भगत सिंह, राजगुरु और सुखदेव शायद बच जायेंगे। मैं उन्हें बचा नहीं सका, इससे अगर नौजवान मुझ पर ग़ुस्सा होते हैं, तो मुझे आश्चर्य नहीं होता, पर कोई कारण नहीं कि मैं भी उनसे ग़ुस्सा होऊँ। एक तो मेरी ज़िन्दगी में इस तरह की यह कोई पहली घटना नहीं है। जो आदमी मानव जाति की सेवा करने का दावा करता है, उसका धर्म है कि वह उन

पर क्रोध न करे जिनकी वह स्वयं सेवा करता है। मैं तो अहिंसा को धर्म मानने वाला ठहरा, इसलिए मैं किसी पर क्रोध कर ही नहीं सकता। पर सेवक अहिंसाधर्मी हो या न हो, यदि वह सच्चा है तो उसका धर्म यही है कि वह अपने स्वामी पर क्रोध न करे। उसके लिए क्रोध त्याज्य वस्तु होनी चाहिए। परन्तु यदि वह बिना क्रोध किये रह ही न सकता हो, तो उसके लिए समाज–सेवक का काम छोड़ देना उचित है। मुझे तो ऐसा लगता नहीं है। इसलिए मैं कहता हूँ कि उन नौजवानों को क्रोध करने का हक़ था, मुझे नहीं। पर उन नौजवानों से मैं यह ज़रूर कहूँगा कि उनके पैदा होने से बहुत पहले से मैं किसानों और मज़दूरों की सेवा करता आया हूँ। मैं उनके साथ रहा हूँ। मैंने उनके सुख–दुःख में भाग लिया है। जबसे मैंने सेवा का व्रत लिया है, तभी से मैं अपना सिर मानवजाति को अर्पण कर चुका हूँ। मेरी गरदन उतार लेना दुनिया का एक आसान से आसान काम है। इसके लिए थोड़ी भी तैयारी या संगठन की आवश्यकता नहीं। और बाहरी रक्षा का तो मैंने कभी प्रयत्न ही नहीं किया। सच पूछो तो मेरी रक्षा का विचार करना ही फ़िज़ूल है। रक्षा करने की सामर्थ्य तो एक ईश्वर में ही है क्योंकि वह सर्वशक्तिमान है। इतना कहने के बाद मुझे यह भी कहना चाहिए कि कल नौजवानों ने जो प्रदर्शन किये, उनसे नाराज़ होने के बदले मैं राजी हुआ हूँ, क्योंकि उन प्रदर्शनों में किसी प्रकार का अविवेक न था। वे मुझ पर हाथ उठा सकते थे, पर वे तो उलटे मेरे अंगरक्षक बन गये और मुझे मोटर तक ले गये। मैं कबूल करता हूँ कि जब मैंने उन्हें पहली दफा देखा, तो मेरे मन में आया कि शायद आज दक्षिण अफ्रीका के उस अनुभव का पुनरावर्तन होगा, जब लोगों की भीड़ ने मुझे घेर लिया था और मुझे मारा था।

पर ऐसा भय करने का कोई कारण न था। वे नौजवान तो सिर्फ़ यही पुकार रहे थे, 'गाँधी, वापस जाओ', गाँधीवाद का नाश हो'। उन्हें ऐसा करने का हक़ था, क्योंकि वे मानते थे कि मैंने भगत सिंह को बचाने के लिए अपनी शक्ति–भर कोशिश नहीं की, या अहिंसाधर्मी होने के कारण मैं भगत सिंह और उनके साथियों को एकदम भूल गया। किन्तु उन नौजवानों का इरादा मुझे या किसी और को हैरान करने का नहीं था। उन्होंने सबको जाने दिया और तब एक नौजवान ने आकर काले कपड़े के फूल मेरे हाथों में दिये। ये फूल मुझ पर फेंक कर वे मेरा अपमान कर सकते थे, पर वैसा करने का उनका इरादा न था। फूल मुझे जगह–जगह दिये

जाते हैं। बहनों द्वारा दिये जाने पर भी साधारणतः मैं उन फूलों के विषय में निरपेक्ष रहता हूँ, और कभी–कभी तो इस प्रकार फूलों का दुर्व्यय करने के लिए उन्हें उलाहना भी देता हूँ। परन्तु ये फूल तो मैंने ले लिये हैं और इन्हें सँभाल कर रखा है। यदि वे नौजवान मेरे पास आकर कहेंगे कि उन्हें क्रोध नहीं करना चाहिए था और मेरे विषय में उनकी शंका अकारण थी और यदि वे फूल वापस लेना चाहेंगे तो मैं ख़ुशी से उन्हें लौटा दूँगा। किन्तु यदि उन्होंने ऐसा न किया, तो ये फूल मैं आश्रम में भेज दूँगा और वहाँ ये एक विरासत में मिली हुई वस्तु की तरह सुरक्षित रखे जायेंगे।

वे नौजवान तो दुनिया को यह बताना चाहते थे कि उन्हें विश्वास है कि महात्मा चाहे जितना महान क्यों न हो, वह हिन्दुस्तान का नुक़सान कर रहा है। अगर वे मानते हैं कि मैं देश को दगा दे रहा हूँ तो मेरी पोल खोलने का उन्हें अधिकार है। मैं चाहता हूँ कि आप इस सम्बन्ध में मेरे दृष्टिकोण को समझें। मैं इन नौजवानों के साथ इसके सिवा और किसी तरह का व्यवहार कर ही नहीं सकता क्योंकि मुझे तो उन्हें प्रेम द्वारा जीत लेना है। तलवार का त्याग करने के बाद अपने विरोधी को देने के लिए मेरे पास प्रेम के प्याले को छोड़ कर और कुछ रहा ही नहीं है। यह प्याला देकर मैं उन्हें अपने नज़दीक खींच लेने की आशा रखता हूँ। यह बात मेरी कल्पना से परे है कि मनुष्य–मनुष्य के बीच वैर कायम रह सकता है और मैं पुनर्जन्म को मानता हूँ, इसलिए मैं यह भी आशा रखता हूँ कि इस जन्म में नहीं, तो किसी और जन्म में समस्त मानव जाति को प्रेमपाश में बाँध सकूँगा।''

महात्मा गाँधी ने इस विषय पर इतनी लम्बी विवेचना क्यों दी इसे स्पष्ट करते हुए उन्होंने स्वयं कहा है–''इस छोटी–सी बात का इतना लम्बा विवेचन मैंने इसलिए किया है कि कहीं आप इन नौजवानों के बारे में ख़राब राय न बना डालें। आप मेरी रक्षा करने का यत्न न कीजिए। हम सबकी रक्षा करने वाला तो वह अनन्तबाहु है। आप विश्वास रखिए कि जब मेरे दिन पूरे हो जायेंगे, तब दुनिया का मशहूर–से–मशहूर हकीम भी मेरे और ईश्वर के बीच में खड़ा नहीं हो सकेगा।

अब उन नौजवानों के लिए एक सन्देश है कि अगर आपको मुझसे सेवा करवानी हो, तो मेरा त्याग न करें। मेरे पास आओ और एक–एक बात समझ लो। आपको जानना चाहिए कि ख़ूनी को, चोर को, डाकू को भी सज़ा देना मेरे धर्म के विरुद्ध है। इसलिए इस शक की तो कोई वजह हो नहीं सकती कि मैं भगत सिंह को बचाना नहीं चाहता था। परन्तु मैं

चाहता हूँ कि आप भगत सिंह की भूल को भी समझें। भगत सिंह और उनके साथियों से बातचीत करने का मौक़ा मुझे मिला होता तो मैं उनसे भी कहता कि आपके द्वारा अंगीकृत मार्ग मिथ्या और व्यर्थ था। मैं सरेआम कहना चाहता हूँ कि अगर हम अपने करोड़ों भूखों मरनेवालों के लिए, बहरों और गूँगों के लिए, लूलों और लँगड़ों के लिए स्वराज्य लेना चाहते हैं, तो वह तलवार के रास्ते नहीं लिया जा सकता। ईश्वर को साक्षी रखकर मैं इस सत्य की घोषणा करना चाहता हूँ कि हिंसा के रास्ते स्वराज्य नहीं मिल सकता; हाँ, उसके मार्ग में रुकावटें ज़रूर आ सकती हैं। पिता अपने बालकों के साथ जिस अधिकार से बातें करता है, उस समस्त अधिकार के साथ मैं इन नौजवानों को कहना चाहता हूँ कि हिंसा का मार्ग केवल विनाश की ओर ले जाने वाला है। कैसे, सो आपको समझाऊँगा। क्या आप मानते हैं कि पिछले संघर्ष में स्त्रियों और बच्चों ने जो यश प्राप्त किया है, वह उन्हें मिला होता यदि हम सबने हिंसा का मार्ग स्वीकार किया होता? क्या आज वे यहाँ होते भी? दुनिया में नम्र–से–नम्र मानी जाने वाली हमारी स्त्रियों ने, मंगाबहन जैसी स्त्रियों ने, जिन्होंने ख़ून से साड़ी तरबतर हो जाने तक लाठी के प्रहार सहे हैं, जो अद्वितीय सेवा की है वे क्या यह सेवा कर सकी होती, यदि हमने हिंसा का मार्ग अख़्तियार किया होता? मुँह से रामनाम का स्मरण करके गंगाबहन और उनके साथ की बहनों ने मन में जरा भी ग़ुस्सा हुए बिना जालिमों को चुनौती दी थी। और हमारे बालक–हमारी वानरसेना के वे बालक जिन्होंने खिलौने, पतंग और पटाखों का त्याग किया और जो स्वराज्य के सैनिक बने, उन्हें आप हिंसक युद्ध में किस प्रकार शामिल कर सकते थे? हम करोड़ों स्त्री–पुरुष और बालकों को स्वराज्य के सैनिक बना सके, इसका एकमात्र कारण यह था कि हम अहिंसा की प्रतिज्ञा से बँधे थे। मैं नौजवानों से विनती करता हूँ कि वे धैर्य रखें और अपने मन पर क़ाबू रखें। क्रोध से हमारी तरक्की न होगी। यह आवश्यक नहीं है कि हम अंग्रेज़ों को शत्रु मानें। मैंने उनके ख़िलाफ़ सत्याग्रह किया है, पर उन्हें शत्रु तो कभी नहीं माना। मुझे तो उनका हृदय–परिवर्तन करना है, और इसका एक ही मार्ग है और वह है प्रेम का मार्ग, तूफानी प्रदर्शनों में अपना समय बरवाद नहीं करना, उससे मनोरथ सिद्ध नहीं हो सकता। क्या वे भगत सिंह को फिर ज़िन्दा कर सकते है? वे कुछ करेंगे, तो स्वराज्य का उदय और टल जायेगा। मैं कबूल करता हूँ कि सरकार ने उत्तेजना का पूरा कारण पैदा किया है,

पर मैं इन उतावले नौजवानों से ईश्वर के नाम पर अपनी, प्यारी जन्मभूमि के नाम पर प्रार्थना करता हूँ कि वे इस अहिंसक युद्ध में सच्चे मन से जूझ पड़ें। चालीस वर्षों के मेरे अखण्ड अहिंसात्मक आचरण पर वे विश्वास रखें।

परन्तु ऐसा न करके यदि वे मुझे मारना चाहें, तो भलें मार डालें, पर गाँधीवाद को वे नष्ट नहीं कर सकते। यदि सत्य को मिटाया जा सकता है तो गाँधीवाद को भी मिटाया जा सकता है। अगर अहिंसा नष्ट हो सकती है, तो गाँधीवाद भी नष्ट हो सकता है। क्योंकि सत्य और अहिंसा के जरिए स्वराज्य प्राप्त करने के सिवा गाँधीवाद और है ही क्या? क्या सत्य और अहिंसा द्वारा प्राप्त स्वराज्य को नामंजूर करेंगे? इसलिए मैं उनसे प्रार्थना करता हूँ कि सिन्ध के कार्यकर्त्ताओं ने जो अद्भुत काम किया है वे उसे न बिगाड़ें। उन कार्यकर्त्ताओं ने सिर्फ़ तीन हफ्तों में यह कांग्रेस–नगर इसलिए खड़ा किया है कि किसानों, मजदूरों, भंगियों–जिन्होंने मिलकर इन पर्ण–कुटियों वाली मन्दिर बनाने में कन्धे–से–कन्धा मिलाकर मेहनत की है–लूलों और अन्धों, भूखों और दीनों, पीड़ितों और कंगालों सबके लिए स्वराज्य शीघ्र ही प्रत्यक्ष हो सके। इसलिए मैं आपसे प्रार्थना करता हूँ कि उनके किये हुए सुन्दर काम को आप बिगाड़ियेगा नहीं।

यह बात मेरा ध्यान उस भयंकर ख़ून–ख़राबे की ओर ले जाती हैं जो कानपुर में हो रहा है। इसकी ज़्यादातर वजह वह हिंसा है, जो हमने एक–दूसरे के लिए अपने दिलों में भर रखी है। यह दीवार पर लिखे हुए अक्षरों की तरह साफ़ है। हम मर्यादित अहिंसा का पालन ज़रूर कर सके हैं, पर हमने हृदयों में हिंसा को पुष्ट किया है, हमने जबर्दस्ती करने का गुनाह किया है। अख़बारों से पता चलता है कि भगत सिंह की शहादत से कानपुर के हिन्दू पागल हो गये, और भगत सिंह के सम्मान में दुकान बन्द न करने वालों को धमकाने लगे। नतीजा आपको मालूम ही है। मेरा विश्वास है कि अगर भगत सिंह की आत्मा कानपुर के इस काण्ड को देख रही है, तो वह अवश्य गहरी वेदना और शर्म अनुभव करती होगी। मैं यह इसलिए कहता हूँ कि मैंने सुना है कि वह अपनी टेक के पक्के थे। और हमने कैसा कहर बरपाया है। स्त्रियों की इज़्ज़त लूटी गयी है। बच्चों का कत्ल हुआ है। वे बालक मुसलमान थे, यह सोच कर कोई हिन्दू सन्तोष न माने; वे हिन्दू थे, यह ख़्याल करके कोई मुसलमान राजी न हो।

भगत सिंह की फाँसी कांग्रेस अधिवेशन का मुख्य विषय था। महात्मा गाँधी से पुनः किसी ने बड़ी नम्रता के साथ कांग्रेस अधिवेशन के ही दौरान यह प्रश्न किया—आपने भगत सिंह को बचाने के लिए क्या किया था?

महात्मा गाँधी ने उसके उत्तर में कहा—मैं अपना बचाव करने के लिए नहीं बैठा था इसीलिए मैंने विस्तार से...यह नहीं बताया कि भगत सिंह और उनके साथियों को बचाने के लिए मैंने क्या—क्या किया। मैं वाइसराय को जिस तरह समझा सकता था, उस तरह मैंने समझाया। समझाने की जितनी शक्ति मुझमें थी सब मैंने उस पर आजमा देखी। भगत सिंह की परिवार वालों के साथ निश्चित आखिरी मुलाकात के दिन अर्थात 23 मार्च को सवेरे मैंने वाइसराय को एक खानगी खत लिखा। उसमें मैंने अपनी सारी आत्मा उड़ेल दी पर सब बेकार हुआ।

आप कहेंगे कि मुझे एक बात और करनी चाहिए थी—सज़ा को घटाने के लिए समझौते में एक शर्त्त रखनी चाहिए थी पर समझौता के बाद फाँसी की सज़ा सुनाई गयी। और अब ऐसा नहीं हो सकता था सज़ा को घटाने के लिए समझौते भंग की बात नहीं हो सकती थी। समझौता वापस ले लेने की धमकी देना तो विश्वासघात कहा जाता। कार्य समिति इस बात में मेरे साथ थी कि सज़ा घटाने की शर्त्त समझौते की शर्त्त नहीं हो सकती। इसलिए मैं इसकी चर्चा तो सुलह की बातों से अलग ही कर सकता था। मैंने उदारता की आशा की थी। मेरी वह आशा सफल होने वाली न थी, पर इस कारण समझौता तो कभी नहीं तोड़ा जा सकता।

और मनुष्य की शक्ति भर प्रयत्न मैंने अकेले ही नहीं किया पूज्य पंडित मालवीय जी और डॉ. सप्रू ने भी अपनी शक्ति भर प्रयत्न कर देखा...।

महात्मा गाँधी की जगह कोई दूसरा व्यक्ति रहता तो शायद उस समय अहिंसा की बातें कम करने लगता कि अभी माहौल दूसरा है, गर्म है, पर अहिंसा और सत्य ही जिनका एक मात्र संबल था और जिसे वे देश का भी सम्बल बनाना चाहते थे, कैसे अपनी बात से बदल सकते थे?

यह सही है कि सारे संसार में हिंसा की आँधी चल रही है। यह सच है कि क्रान्तियाँ भी हिंसा के आधार पर ही होती रही हैं जैसा कि भगत सिंह ने अपने इतिहास के शिक्षक से पहली बार यह जाना कि आज तक अहिंसा के द्वारा किसी भी देश ने आज़ादी प्राप्त नहीं की है। उस हिंसा की आँधी में आज भी मानव सभ्यता की सारी फसलें जल रही हैं। अचानक ही यह हिंसा के आग की आँधी नहीं आयी है बल्कि युग—युग से

राष्ट्रीयता के एक पाशविक दंभ को क्रान्ति की मूर्तिपूजक नीति से उत्तेजना मिलती रही है। राष्ट्रीयवादी, फासिस्ट, कम्युनिस्ट, साम्राज्यवादी, अत्याचारी, पीड़ित–कोई भी इस शोर को मचाने से नहीं चूकता कि बल प्रयोग करने का एकमात्र अधिकार केवल उसी को है किसी और को नहीं...। और यह भी सत्य है कि इन सबों की अपनी हिंसा, हिंसा नहीं लगती, विप्लवकारी घटना लगती है और दूसरों की क्रान्ति में हिंसा दिखाई पड़ती है।

महात्मा गाँधी पहले वह शख़्स नहीं थे जिन्होंने अहिंसा की बात की। भारत में दो हज़ार पूर्व से ही महावीर, बुद्ध और वैष्णवों ने इसे आत्मसात किया और लोगों से करवाया। पर महान विचारक और चिन्तक रोमा रोलाँ का मानना है कि 'गाँधी ने केवल इतना ही किया कि उस अहिंसा में वीरतापूर्वक रक्त संचार कर दिया। अतीत की विशाल छायाएँ और जाने कितनी महान शक्तियाँ भयंकर जड़ता में निमग्न पड़ी थीं। उन्होंने उनको आवाज़ दी और उनकी आवाज़ सुनते ही वे सब जाग उठीं। कारण यह है कि यह आवाज़ सिर्फ़ एक आवाज़ नहीं थी, एक आह्वान है, एक जाग्रत, दृष्टांत–उनके देश वासियों की आशा–आकांक्षाएँ उसी में मूर्त हैं। धन्य हैं वे जिन्होंने अपने को एक सम्पूर्ण देश के रूप में परिवर्तित कर दिया है, अपनी मृतक जाति को क़ब्र से निकाल कर अपने ही अन्दर पुनर्जीवित किया है।'

लेकिन नौजवान पीढ़ी कैसे समझे दर्शन की इतनी ऊँची बातें... पर वे शायद इसे समझने की कोशिश कर रहे थे... शायद नहीं, वे सच में समझ रहे थे और गाँधी भी हार नहीं मान रहे थे, उन्हें समझाने की लगातार कोशिश कर रहे थे। महात्मा गाँधी ने 29 मार्च को कांग्रेस के खुले अधिवेशन में नौजवानों से फिर अपील–

वीर भगत सिंह और उनके दो साथी फाँसी पर चढ़ गये। उनकी देह को बचाने के बहुतेरे प्रयत्न किये गये, कुछ आशा भी बँधी, पर वह व्यर्थ हुई।

भगत सिंह को जीवित रहने की इच्छा नहीं थी, उन्होंने माफ़ी माँगने से इनकार किया। अर्जी देने से इनकार किया। यदि वह जीवित रहने को तैयार होते तो वह या तो दूसरों के लिए काम करने की दृष्टि से होता या फिर इसलिए होता कि उनकी फाँसी से कोई आवेश में आकर व्यर्थ ही किसी का ख़ून न करे। भगत सिंह अहिंसा के पुजारी नहीं थे, पर वह हिंसा को भी धर्म नहीं मानते थे; वह अन्य उपाय न देखकर ख़ून करने को तैयार हुए थे। उनका आख़िरी पत्र इस प्रकार था : मैं तो लड़ते हुए

गिरफ़्तार हुआ हूँ। मुझे फाँसी नहीं दी जा सकती। मुझे तोप से उड़ा दो, गोली से मारो। इन वीरों ने मौत के भय को जीता था। इनकी वीरता के लिए इन्हें हजारों नमन हों।''

परन्तु इतना कहने के बाद गाँधी रुके नहीं आगे पुनः कहा– ''पर उनका कार्य अनुकरणीय नहीं है। मैं यह मानने को तैयार नहीं कि उनके काम से देश को लाभ हुआ है। नुक़सान तो देख रहा हूँ। यह प्रवृत्ति न होती और अगर हम केवल अहिंसक युद्ध लड़ सके होते तो स्वराज्य कभी का मिल गया होता। मेरे इस अनुमान के बारे में मतभेद भले हों, पर इस बात से कोई इनकार नहीं कर सकता कि अगर हमारे यहाँ किसी की हत्या करने वाले की प्रशंसा करना रूढ़ि हो जाये तो जिसे हम न्याय समझते हैं, उसके लिए एक–दूसरे का ख़ून करने लगें। जिस देश में करोड़ों कंगाल और अपाहिज लोग हों, उस देश में यह स्थिति भयानक होगी। हमारे बल–प्रयोग का असर इन गरीबों पर पड़े बिना नहीं रहेगा। यह उचित है कि सब इसके परिणाम को भी सोच लें। और हम तो इन गरीबों का स्वराज्य माँगते हैं, और इनके ही लिए माँगते हैं। हिंसा को धर्म बनाना तो अपने हाथ से पाँव पर कुल्हाड़ी मारने जैसा होगा।

इसलिए इन वीरों की वीरता की स्तुति करते हुए भी इनकी प्रवृत्ति को हम कदापि सहन न करें।

सरकार ने फाँसी देकर अपना पशु–स्वभाव प्रकट किया है, लोकमत का तिरस्कार कर सत्ता के मद का ताज़ा प्रदर्शन किया है। इस फाँसी से यह अन्दाज़ लगाया जा सकता है कि सरकार की नीयत जनता को सच्ची सत्ता सौंप देने की नहीं है। सरकार को फाँसी देने का अधिकार था ज़रूर, पर कई अधिकारों की शोभा इसी में है कि वे सिर्फ़ थैली में बन्द पड़े रहें; उनका प्रयोग न किया जाये। अन्त में तो सारे अधिकार नष्ट ही होने हैं। इस वक़्त अगर सरकार ने अपने अधिकार का उपयोग न किया होता, तो वह शोभा देता और शान्ति–रक्षा में उससे बड़ी सहायता मिलती।

पर यह ज़ाहिर है कि अभी तक सरकार में इतनी विवेक–शक्ति नहीं आयी है। सरकार ने जनता को क्रोधित होने का स्पष्ट अवसर दे दिया है। लोग क्रोधित होंगे तो हाथ में आयी बाजी खो देंगे। कई अधिकारी तो मन से ऐसा चाहते भी होंगे वे चाहें या न चाहें हमारा मार्ग सीधा है। समझौता करते समय भगत सिंह की सम्भावना आँखों के आगे ही थी। हमें आशा थी कि सरकार उनकी और उनके साथियों की सज़ा माफ़

करने की शिष्टता दिखाएगी। इस आशा के पूरा न होने पर भी हम अपनी प्रतिज्ञा न तोड़ें बल्कि इस चोट को सहकर भी प्रतिज्ञा का पालन करें। ऐसी कठिन परिस्थिति में भी प्रतिज्ञा का पालन करने से इच्छित वस्तु को पाने की हमारी शक्ति बढ़ेगी, घटेगी नहीं।'

अन्त में कांग्रेस अधिवेशन की समाप्ति पर भगत सिंह, राजगुरु और सुखदेव को श्रद्धांजलि दी गयी और महात्मा गाँधी ने अपने शोक सन्देश में अपनी संवेदना इन शब्दों में प्रकट की--

"यह कांग्रेस किसी भी रूप अथवा प्रकार की राजनीतिक हिंसा से अपना सम्बन्ध न रखते हुए और उसका समर्थन न करते हुए स्वर्गीय भगत सिंह और उनके साथी सर्वश्री सुखदेव और राजगुरु के बलिदान और बहादुरी की प्रशंसा को अभिलेखबद्ध करती है और इनकी जीवन–हानि पर शोकातुर परिवारों के साथ शोक प्रकट करती है। कांग्रेस की राय है कि इन तीनों को फाँसी पर लटकाना अत्यन्त निम्न प्रतिशोध का कृत्य है और इस तरह सज़ा कम करने की राष्ट्र की सर्वमुखी माँग का जानबूझकर निरादर किया गया है। इस कांग्रेस की यह भी राय है कि सरकार ने दो राष्ट्रों के बीच अत्यन्त आवश्यक सद्भाव बढ़ाने की इस घड़ी का, और जो दल निराश होकर राजनीतिक हिंसा का सहारा लेता है, उसे शान्ति के मार्ग पर लाने का सुनहरा मौक़ा खो दिया है।"

सरदार भगत सिंह तो फाँसी पर झूल कर शहीदे आजम बन गये और पीछे छोड़ गये देशभक्ति का जज़्बा... और नवयुवकों में एक अदम्य साहस और लालसा का वातावरण। और इसके अलावा ढेर सारे अनुत्तरित प्रश्न भी...?

पहला प्रश्न–आख़िर भगत सिंह, राजगुरु एवं सुखदेव को फाँसी कराची में होने वाले अखिल कांग्रेस अधिवेशन के ठीक दो–तीन दिन पहले ही आपाधापी में क्यों दी गयी? जबकि फाँसी टल जाने का एक सन्देश, भले ही झूठा ही सही, जनसाधारण में जाने दिया गया और उस सन्देश में कहीं–न–कहीं छद्म रूप में यह बात भी छुपी हुई थी कि यदि महात्मा गाँधी चाहेंगे तो फाँसी की सज़ा टल सकती है। तो फिर क्यों महात्मा गाँधी की अपील को वाइसराय ने ठुकरा दिया...?

इस विषय पर सुभाषचन्द्र बोस की बातों से गहन अन्धकार के प्रश्न पर थोड़ी–सी प्रकाश की किरणें दिखाई देती हैं।

सुभाषचन्द्र बोस भी कराची के कांग्रेस अधिवेशन में सारी स्थितियों पर नज़र रखने और अध्ययन करने आये थे। उन्होंने यह भी लिखा है

कि इस समय महात्मा गाँधी अपनी लोकप्रियता के उच्चतम शिखर पर थे पूरा देश उनके आगे नतमस्तक था, यह गाँधी–इर्विन पैक्ट के बाद की बात थी।

कराची में गाँधी–इर्विन पैक्ट की पुष्टि की जानी थी और सुभाषचन्द्र बोस पैक्ट के समर्थक नहीं थे पर उन्होंने भी कांग्रेस अधिवेशन में पैक्ट का विरोध नहीं किया। जिससे उनके समर्थकों को निराशा हुई पर उन्होंने ऐसा क्यों किया?

स्वयं सुभाषचन्द्र बोस ने इस बात को स्पष्ट करते हुए लिखा है कि 'क्यों उन्होंने उस समय पैक्ट का विरोध नहीं किया क्योंकि उन्हें विश्वास था, कि कांग्रेस के प्रतिनिधि उन्हें समर्थन नहीं देंगे। हाँ, नवयुवकों से उन्हें समर्थन मिलने की आशा थी पर उन्होंने कहा कि यदि हम संयत और ईमानदार हैं तो हमारे लिए इतना ही काफ़ी नहीं है कि पैक्ट का विरोध करें और अपने घरों को चलते बनें। हमें सरकार को नोटिस देना और आन्दोलन को फिर से शुरू करना होगा। यदि हमने ऐसा किया तो हमें कितना समर्थन मिलेगा? इसमें तनिक भी सन्देह नहीं था कि यदि हमने ऐसा किया तो जन और धन दोनों की दृष्टि में हमें निराशा ही हाथ लगेगी। इसीलिए इस बात की कोई सम्भावना नहीं थी कि यदि हमने लड़ाई जारी रखी तो जितना महात्मा जी ने हासिल किया था उससे हम कुछ ज़्यादा हासिल कर पायेंगे। फिर संस्था में विभाजन पैदा करने से क्या लाभ होगा? और यदि हम हार जाते हैं और हारना निश्चित ही है तो हमारा विरोध बेकार रहेगा...। और यदि हम पैक्ट को नामंजूर भी कर देने में सफल होते हैं, जोकि उन हालात में सम्भव नहीं था लेकिन बाद में और प्रचण्ड आन्दोलन नहीं कर सके तो हमारे विरोध से कोई लाभ नहीं पहुँचेगा।'

उपर्युक्त बातों के अलावा उससे भी बड़ी एक बात थी जिससे सुभाषचन्द्र बोस ने पैक्ट का विरोध नहीं किया। वह बात थी भगत सिंह और उनके साथियों की फाँसी की घटना...।

सुभाषचन्द्र बोस और पं नेहरू प्रारम्भ से ही भगत सिंह के मुक़दमे में बहुत अधिक दिलचस्पी लेते थे। इसके लिए भगत सिंह से फाँसी वाले दिन सज़ा सुनाने जब उनके अधिवक्ता प्राण जीवन मेहता मिलने गये तो भगत सिंह ने उनसे कहा था, 'आप पं. नेहरू और सुभाषचन्द्र बोस को मेरा धन्यवाद कहिएगा जो उन्होंने मेरे मुक़दमे में रुचि ली।'

भगत सिंह पहले से ही जवाहर लाल नेहरू और सुभाषचन्द्र बोस को पसन्द करते थे और दोनों की तुलना करते हुए उन्होंने लिखा था–

असहयोग आन्दोलन की असफलता के बाद जनता में बहुत निराशा और मायूसी फैली। हिन्दू–मुस्लिम झगड़ों ने बचा–खुचा साहस भी ख़त्म कर डाला। लेकिन देश में जब एक बार जागृति फैल जाये तब देश ज़्यादा दिन तक सोया नहीं रह सकता। कुछ ही दिनों बाद जनता बहुत जोश के साथ उठती तथा हमला बोलती है। आज हिन्दुस्तान में फिर जान आ गयी है। हिन्दुस्तान फिर जाग रहा है। देखने में तो कोई बड़ा जन–आन्दोलन नज़र नहीं आता लेकिन नींव ज़रूर मज़बूत की जा रही है। आधुनिक विचारों के अनेक नये नेता सामने आ रहे हैं। इस बार नौजवान नेता ही देशभक्त लोगों की नज़रों में आ रहे हैं। बड़े–बड़े नेता बड़े होने के बावजूद एक तरह से पीछे छोड़े जा रहे हैं। इस समय जो नेता आगे आये हैं, वे हैं–बंगाल के पूजनीय श्री सुभाष चंद्र बोस और माननीय पण्डित श्री जवाहर लाल नेहरू। यही दो नेता हिन्दुस्तान में उभरते नज़र आ रहे हैं और युवाओं के आन्दोलनों में विशेष रूप से भाग ले रहे हैं। दोनों ही हिन्दुस्तान की आज़ादी के कट्टर समर्थक हैं। दोनों ही समझदार और सच्चे देशभक्त हैं। लेकिन फिर भी इनके विचारों में ज़मीन–आसमान का अन्तर है। एक को भारत की प्राचीन संस्कृति का उपासक कहा जाता है तो दूसरे को पक्का युगान्तकारी। हम इस लेख में उनके अलग–अलग विचारों को जनता के समक्ष रखेंगे, ताकि जनता स्वयं उनके अन्तर को समझ सके और स्वयं भी विचार कर सके।

दो–तीन महीनों से आप बहुत–सी कॉन्फ्रेंसों के अध्यक्ष बनाये गये और आपने अपने–अपने विचार लोगों के सामने रखे। सुभाष बाबू को सरकार तख्तापलट गिरोह का सदस्य समझती है और इसीलिए उन्हें बंगाल अध्यादेश के अन्तर्गत क़ैद कर रखा था। आप रिहा हुए और गर्म दल के नेता बनाये गये। आप भारत का आदर्श पूर्ण स्वराज्य मानते हैं और महाराष्ट्र कॉन्फ्रेंस के अध्यक्षीय भाषण में आपने इसी प्रस्ताव का प्रचार किया।

पण्डित जवाहर लाल नेहरू स्वराज पार्टी के नेता पण्डित मोतीलाल नेहरू के सुपुत्र हैं। बैरिस्टरी पास हैं। आप बहुत विद्वान् हैं। आप रूस आदि का दौरा कर आये हैं। आप भी गर्म दल के नेता हैं और मद्रास कॉन्फ्रेंस में आपके और आपके साथियों के प्रयासों से ही पूर्ण स्वराज्य का प्रस्ताव स्वीकृत हो सका था। आपने अमृतसर कॉन्फ्रेंस के भाषण में भी

इसी बात पर ज़ोर दिया, लेकिन फिर भी इन दोनों सज्जनों के विचारों में ज़मीन–आसमान का अन्तर है। अमृतसर और महाराष्ट्र कॉन्फ्रेंसों के इन दोनों अध्यक्षों के भाषण पढ़कर ही हमें इनके विचारों का अन्तर स्पष्ट हुआ था। लेकिन बाद में बम्बई के एक भाषण में यह बात स्पष्ट रूप से हमारे सामने आ गयी। पण्डित जवाहर लाल नेहरू इस जनसभा की अध्यक्षता कर रहे थे और सुभाषचन्द्र ने भाषण किया। वह एक बहुत भावुक बंगाली हैं। उन्होंने भाषण आरम्भ किया कि हिन्दुस्तान का दुनिया के नाम एक विशेष सन्देश है। वह दुनिया को आध्यात्मिक शिक्षा देगा। ख़ैर, आगे वे दीवाने की तरह कहना आरम्भ कर देते हैं–चाँदनी रात में ताजमहल को देखो और जिस दिल की यह सूझ का परिणाम था, उसकी महानता की कल्पना करो। सोचो, एक बंगाली उपन्यासकार ने लिखा है कि हममें यह हमारे आँसू ही जम–जमकर पत्थर बन गये हैं। वह भी वापस वेदों की ओर ही लौट चलने का आह्वान करते हैं। आपने अपने पूना वाले भाषण में 'राष्ट्रवादिता' के सम्बन्ध में कहा है कि अन्तर्राष्ट्रीयतावादी, राष्ट्रीयतावाद को एक संकीर्ण दायरे वाली विचारधारा बताते हैं, लेकिन यह भूल है। हिन्दुस्तानी राष्ट्रीयता का विचार ऐसा नहीं है। वह न संकीर्ण है, न निजी स्वार्थ से प्रेरित है और न उत्पीड़नकारी है, क्योंकि इसकी जड़ या मूल तो 'सत्यम् शिवम् सुन्दरम्' है अर्थात् सच, कल्याणकारी और सुन्दर।

यह भी वही छायावाद है। कोरी भावुकता है। साथ ही उन्हें भी अपने पुरातन युग पर बहुत विश्वास है। वह प्रत्येक बात में अपने पुरातन युग की महानता देखते हैं। पंचायती राज का ढंग उनके विचार में कोई नया नहीं। 'पंचायती राज और जनता का राज' वे कहते हैं कि हिन्दुस्तान में बहुत पुराना है। वे तो यहाँ तक कहते हैं कि साम्यवाद भी हिन्दुस्तान के लिए नयी चीज़ नहीं। ख़ैर, उन्होंने सबसे ज़्यादा ज़ोर उस दिन के भाषण में जिस बात पर दिया था, वह यह था कि हिन्दुस्तान का दुनिया के लिए एक विशेष सन्देश है। पण्डित जवाहर लाल आदि के विचार इसके बिल्कुल विपरीत हैं। वे कहते हैं–

"जिस देश में जाओ वही समझता है कि उसका दुनिया के लिए एक विशेष सन्देश है। इंग्लैंड दुनिया को संस्कृति सिखाने का ठेकेदार बनता है। मैं तो कोई विशेष बात अपने देश के पास नहीं देखता। सुभाष बाबू को उन बातों पर बहुत यकीन है।" जवाहर लाल कहते हैं–

(यानी) "प्रत्येक नौजवान को विद्रोह करना चाहिए। राजनीतिक क्षेत्र

में ही नहीं बल्कि सामाजिक, आर्थिक और धार्मिक क्षेत्र में भी। मुझे ऐसे व्यक्ति की कोई आवश्यकता नहीं जो आकर कहे कि फलां बात कुरान में लिखी हुई है। कोई बात, जो अपनी समझदारी की परख में सही साबित न हो, उसे चाहे वेद और कुरान में कितना ही अच्छा क्यों न कहा गया हो, नहीं माननी चाहिए।"

यह एक युगान्तकारी के विचार हैं और सुभाष के विचार एक राज–परिवर्तनकारी के विचार हैं। एक के विचार में हमारी पुरानी चीज़ें बहुत अच्छी हैं और दूसरे के विचार में उनके विरुद्ध विद्रोह कर दिया जाना चाहिए। एक को भावुक कहा जाता है और एक को युगान्तकारी और विद्रोही। पण्डित जी एक स्थान पर कहते हैं–

वे कहते हैं कि जो अब भी कुरान के ज़माने के अर्थात् 1300 बरस पीछे के अरब की स्थितियाँ पैदा करना चाहते हैं, जो पीछे वेदों के ज़माने की ओर देख रहे हैं, उनसे मेरा यह कहना है कि यह तो सोचा भी नहीं जा सकता कि वह युग वापस लौट आयेगा, वास्तविक दुनिया पीछे नहीं लौट सकती, काल्पनिक दुनिया को चाहे कुछ दिन यहीं स्थिर रखो। और इसीलिए वे विद्रोह की आवश्यकता महसूस करते हैं।

सुभाष बाबू पूर्ण स्वराज के समर्थन में हैं, क्योंकि वे कहते हैं कि अंग्रेज़ पश्चिम के वासी हैं, हम पूर्व के। पण्डित जी कहते हैं, हमें अपना राज कायम करके सारी सामाजिक व्यवस्था बदलनी चाहिए। उसके लिए पूरी–पूरी स्वतन्त्रता प्राप्त करने की आवश्यकता है।

सुभाष बाबू मज़दूरों से सहानुभूति रखते हैं और उनकी स्थिति सुधारना चाहते हैं। पण्डित जी एक क्रान्ति करके सारी व्यवस्था ही बदल देना चाहते हैं। सुभाष भावुक हैं–दिल के लिए। नौजवानों को बहुत कुछ दे रहे हैं, पर मात्र दिल के लिए। दूसरा युगान्तकारी है जो कि दिल के साथ–साथ दिमाग़ को भी बहुत कुछ दे रहा है।

अर्थात् हमारा आदर्श समाजवादी सिद्धान्तों के अनुसार पूर्ण स्वराज्य होना चाहिए, जो कि युगान्तकारी तरीक़ों के बिना प्राप्त नहीं हो सकता। केवल सुधार और मौजूदा सरकार की मशीनरी की धीमी–धीमी की गयी मरम्मत जनता के लिए वास्तविक स्वराज्य नहीं ला सकती।

यह उनके विचारों का ठीक–ठीक अक्स है। सुभाष बाबू राष्ट्रीय राजनीति की ओर उतने समय तक ही ध्यान देना आवश्यक समझते हैं जितने समय तक दुनिया की राजनीति में हिन्दुस्तान की रक्षा और विकास

का सवाल है। परन्तु पण्डित जी राष्ट्रीयता के संकीर्ण दायरों से निकलकर खुले मैदान में आ गये हैं।

अब सवाल यह है कि हमारे सामने दोनों विचार आ गये हैं। हमें किस ओर झुकना चाहिए? एक पंजाबी समाचार–पत्र ने सुभाष की तारीफ़ के पुल बाँधकर पण्डित जी आदि के बारे में कहा था कि ऐसे विद्रोही पत्थरों से सिर मार–मारकर मर जाते हैं। ध्यान रखना चाहिए कि पंजाब पहले ही बहुत भावुक प्रान्त है। लोग जल्द ही जोश में आ जाते हैं और जल्द ही झाग की तरह बैठ जाते हैं।

सुभाष आज शायद दिल को कुछ भोजन देने के अलावा कोई दूसरी मानसिक खुराक नहीं दे रहे हैं। अब आवश्यकता इस बात की है कि पंजाब के नौजवानों को इन युगान्तकारी विचारों को ख़ूब सोच–विचार कर पक्का कर लेना चाहिए। इस समय पंजाब को मानसिक भोजन की सख़्त ज़रूरत है और यह पण्डित जवाहर लाल नेहरू से ही मिल सकता है। इसका अर्थ यह नहीं है कि उनका अन्धे पैरोकार बन जाना चाहिए। लेकिन जहाँ तक विचारों का सम्बन्ध है, वहाँ तक इस समय पंजाबी नौजवानों को उनके साथ लगना चाहिए, ताकि वे इन्क़लाब के वास्तविक अर्थ, हिन्दुस्तान के इन्क़लाब की आवश्यकता, दुनिया में इन्क़लाब का स्थान क्या है, आदि के बारे में जान सकें। सोच–विचार के साथ नौजवान अपने विचारों को स्थिर करें ताकि निराशा, मायूसी और पराजय के समय में भी भटकाव के शिकार न हों और अकेले खड़े होकर दुनिया से मुक़ाबले में डटे रह सकें। इसी तरह जनता इन्क़लाब के ध्येय को पूरा कर सकेगी।

भगत सिंह जवाहर लाल नेहरू के प्रशंसक भी थे तभी तो उन्होंने लिखा है कि हमारे नेता किसानों के आगे झुकने की जगह अंग्रेज़ों के आगे घुटने टेक देते हैं। एक पंडित जवाहर लाल को छोड़ दें तो क्या आप किसी बड़े नेता का नाम ले सकते हैं जिसने मज़दूरों या किसानों को संगठित करने की कोशिश की हो।

सुभाषचन्द्र बोस भगत सिंह के मुक़दमे से लेकर सरकार की कार्यवाही पर अपनी पैनी नज़र रखे हुए थे हालाँकि वे भी यही समझ रहे थे कि अब भगत सिंह को फाँसी नहीं पड़ेगी और जब वे 25 मार्च को कलकत्ता से कराची जा रहे थे उन्हें यह दर्दनाक ख़बर मिली तो वे भौचक रह गये...।

और उन्हें स्पष्ट दीखने लगा कि ठीक कराची में कांग्रेस अधिवेशन और गाँधी–इर्विन पैक्ट के तुरन्त बाद ही भगत सिंह को फाँसी क्यों दी

गयी? उन्होंने ब्रिटिश सरकार के मंसूबे को भाँप लिया। उन्होंने समझ लिया कि सरकार चाहती है और ऐसा सोचती है कि भगत सिंह को फाँसी देने के बाद कांग्रेस पैक्ट विरोधी पार्टी काफ़ी मजबूत हो जायेगी और कांग्रेस दो फाँक में बँट जायेगी।

सुभाषचन्द्र बोस ने महसूस किया कि सरकार आमादा है कांग्रेस में फूट डालने के लिए और इसके लिए ही इसने अभी का वक़्त चुना है भगत सिंह को फाँसी देने का...।

गाँधी–इर्विन पैक्ट सरकार और राष्ट्रवादी नेताओं के बीच का पहला अवसर था जिसमें आपस में कुछ समझौता हुआ था। सरकार चाहती थी कि राष्ट्रवादी इस समझौते को तोड़ लें तो आगे ब्रिटिश साम्राज्यवाद हमेशा के लिए यह आरोप लगाकर किसी भी तरह की वार्त्ता की और सन्धि पर रोक लगा सकती है कि राष्ट्रवादी ग़ैर–ज़िम्मेवार हैं इनसे कैसी वार्त्ता और सन्धि...?

सरकार को अपने मंसूबे सफल होते दिख भी रहे थे। भगत सिंह की फाँसी की सज़ा सुनाने के बाद नौजवानों में जोश था कि इस समझौते को समाप्त कर दिया जाये पर महात्मा गाँधी ने उन नवयुवकों को किसी तरह मनाया और सरकार के मंसूबे को सफल नहीं होने दिया।

सुभाषचन्द्र बोस ने लिखा है कि 'यदि पार्टी के सदस्यों ने अपने नेताओं की बात को नहीं माना होता तो इससे सिर्फ़ नेताओं की ही प्रतिष्ठा नहीं जाती बल्कि सारी पार्टी की प्रतिष्ठा को धक्का लगता और सरकार बड़े आराम से कहती कि नेताओं से बातचीत करने का कोई लाभ नहीं क्योंकि उनके अनुयायियों द्वारा उनका साथ न देने की सम्भावना बनी रहती है...।'

इन बातों के आधार पर इससे इनकार नहीं किया जा सकता कि अंग्रेज़ी हुकूमत "बाँटो और राज करो" की प्रवृत्ति पर कायम थी और वह कांग्रेस को बाँटकर आन्दोलन को कमज़ोर करना चाहती थी। सरकार सिर्फ़ कांग्रेस को ही कमज़ोर नहीं करना चाहती थी बल्कि अपने सबसे बड़े सरदर्द महात्मा गाँधी को, जो जेल के अन्दर रहकर या बाहर रहकर समान रूप से अंग्रेज़ी हुकूमत की परेशानी के सबव थे, कमज़ोर करने की साज़िश थी।

अंग्रेज़ी हुकूमत ने जानबूझकर इस तरह का वातावरण तैयार करवाया ताकि जनमानस में ऐसी भ्रान्ति फैल जाये कि यदि महात्मा गाँधी कोशिश

करते तो भगत सिंह की जान बच सकती थी। जबकि ब्रिटिश सत्ता की मंशा ठीक इसके उलट थी। अंग्रेज़ी हुकूमत महात्मा गाँधी के बारे में यह बात तो जानती थी कि यह व्यक्ति चाहे जो कुछ हो जाये पर सत्य और अहिंसा का दामन नहीं छोड़ेगा, साथ ही अंग्रेज़ी सरकार यह भी जानती थी कि यदि इसने एक बार कोई प्रतिज्ञा कर ली तो जान दे देगा लेकिन पीछे नहीं हटेगा...। सरकार को पता था कि जब भगत सिंह को फाँसी लग जायेगी तो जनमानस से आवाज़ उठेगी, समझौते को तोड़ने की... पर प्रतिज्ञा तोड़ने को ईश्वर के दरबार में धोखा देने के बराबर समझने वाले गाँधी कभी भी समझौते को भंग नहीं करेंगे... या तो कांग्रेस टूटकर दो फाँक हो जायेगी या गाँधी कमज़ोर हो जायेंगे।

मज़बूत गाँधी अंग्रेज़ों को कैसे सुहा सकते थे—जिस गाँधी को राय सीमा की सीढ़ियों पर चढ़ते देख चर्चिल क्रोध में पागल होकर कहने लगता था कि 'इस नंगे फकीर का क्या करूँ यह समझ में नहीं आता?' उसे बेबस और कमजोर देखने की चाहत रखना अंग्रेज़ी हुकूमत के लिए स्वाभाविक ही था।

अंग्रेज़ों की राय भारत की जनता के लिए अजीब—अजीब सी थी। सड़ी—गली, लिजलिजी, घृणित, गन्दे बदसूरत से लेकर और न जाने—क्या क्या... सम्बोधनों से भारतीयों की वे खिल्ली उड़ाते रहते थे। भारतीयों के प्रति उनके इन घृणित संबोधनों के बारे में जानकारी मिलने के बाद दक्षिण अफ्रीका में महात्मा गाँधी ने उन्हें जवाब देते हुए कहा था—'हम सब उन ऋषियों की सन्तान हैं जिनके बौद्धिक स्तर की बराबरी करना उस समय यहाँ के लोग सोच भी नहीं सकते थे।' और उसी दिन से महात्मा गाँधी ने भारतीयों को अपना स्वामी मान लिया और अपने आपको उनका सेवक...। ऐसा सेवक जो उनके शौचालय की सफ़ाई से लेकर उनके रसोई और शयन—कक्ष तक की सफ़ाई में स्वयं जुट गया।

उन्होंने अपने स्वामी से कहा हम गरीब हो सकते हैं पर गन्दे नहीं... और जुट गये स्वयं उनके आसपास विखरी हुए गन्दगी की सफ़ाई करने में...।

एक बात और थी भारतीयों के बारे में जो अंग्रेज़ जानते थे। वह बात यह थी कि भारतीयों के बीच कोई भी अफ़वाह फैला दो... वे उस पर विश्वास कर लड़ कट कर मर जायेंगे—बिना तथ्यों पर विचार किये हुए। अंग्रेज़ी सरकार न जाने कितनी बार मस्जिद में मरा सूअर और मन्दिर में मरी गाय को रखवा कर दंगे को भड़काने की सफलता का स्वाद चख चुकी थी।

इतनी सफलता का स्वाद चखने के बाद साम्राज्यवादी शासन को कहाँ असफलता का भय था? अंग्रेज़ी हुकूमत ने काफ़ी सोच–विचारकर कांग्रेस और गाँधी को कमज़ोर करने के लिए ही भगत सिंह को आनन–फानन में कांग्रेस अधिवेशन के पहले फाँसी दे दी।

अंग्रेज़ी हुकूमत को सफलता मिलती दीख भी रही थी। कुछ नौजवान भड़क भी रहे थे पर खुदा का शुक्र, ईश्वर की कृपा से अंग्रेज़ों की साज़िश नाकाम हो गयी। कुछ बूँदों के गिरने से महासमुद्र में कोई अन्तर नहीं होता बल्कि वही कुछ बूँदें उसी महासागर में समाकर आगे के स्वतन्त्रता आन्दोलन के पड़ाव के लिए निकल पड़ीं...।

लेकिन अंग्रेज़ी सरकार द्वारा बोये गये विष के बीज पूरी तरह बर्बाद नहीं हुए...। उस बीज ने वृक्ष का रूप ले लिया, उसमें काँटे और फल भी लगे...। कैसे विष वृक्ष का बीज अंग्रेज़ी हुकूमत ने लगाया था कि आज भी वह फल–फूल रहा है और हमारे बीच आज भी वैर–वैमनस्य फैला रहा है। उसने ऐसा बीज रोपा कि जब वह वृक्ष बढ़ा, फूला तो उसने एक ऐसी विचारधारा को फैलाया जिसका एक ही काम था हमसे अपने ही राष्ट्रपिता को गालियाँ दिलवाने का...। आज भी बहुत सारे भारतीय भगत सिंह की फाँसी के लिए अंग्रेज़ की जगह महात्मा गाँधी को ही कसूरवार मानते हैं, जैसे अंग्रेज़ी सरकार की हुकूमत महात्मा गाँधी के हाथ में थी।

कुछ भोले–भाले निर्दोष भारतवासी तक भी यह मानते थे कि महात्मा गाँधी चाहते तो भगत सिंह की फाँसी की सज़ा समाप्त हो जाती। असल में उस समय जनमानस में एक ऐसी अवधारणा भी थी कि महात्मा गाँधी जो चाहेंगे वह होकर रहेगा। महात्मा गाँधी ने स्वयं अनेक बार इस तरह की फैली हुई अवधारणाओं का खण्डन यह कहते हुए कहा था कि मेरे अन्दर इस तरह की कोई अलौकिक शक्ति नहीं है कि 'मैं सबकुछ पहले जान लूँ मैं तो ईश्वर से यह प्रार्थना करता हूँ कि मुझे वह शक्ति दे भी नहीं; बस मुझे एक पग आगे बढ़ाने के लिए देखने की शक्ति दे।'

ये वही गाँधी हैं जिनके बारे में महान विचारक रोमा रोलाँ ने लिखा है, कि दुनिया के कौन–से अपमान हैं जिसे गाँधी ने नहीं सहा है पर ईश्वर की ऐसी माया कि ईसा मसीह को भी अपने जीवन में इतने करोड़ लोगों का प्यार और सम्मान नहीं मिला जो गाँधी को अपने जीवन में ही मिला...।

अपनी बात सुनाने के लिए भगत सिंह को असेम्बली में बम फेंकना पड़ा...। वैसे ही महात्मा गाँधी ने भी दक्षिण अफ्रीका से लेकर भारत तक

असहयोगात्मक एवं अहिंसात्मक आन्दोलन से ऐसी स्थिति ज़रुर पैदा कर दी थी कि उनकी बात को सुनना अंग्रेज़ी हुकूमत की मजबूरी बन गयी थी...। हालात ऐसे हो गये थे कि महात्मा गाँधी की बात पूरी दुनिया सुन रही थी और सुनना चाहती थी। विश्वव्यापी आकर्षण का केन्द्र होने के बावजूद ऐसा नहीं था कि महात्मा गाँधी की बात मानना अंग्रेज़ी हुकूमत के लिए बाध्यता थी। यदि ऐसा होता तो जब महात्मा गाँधी ने अंग्रेज़ी हुकूमत से कहा था–'कृपया आप चले जाइए' वे उसी दिन चले गये होते।

इस बात को शहीदे आजम भगत सिंह के पिता सरदार किशन सिंह जी... अच्छी तरह महसूस कर रहे थे। तभी तो उनके वीर पिता जिन्होंने 23 मार्च को अपना जवान बेटा खोया था, धीरज रखे हुए थे। और कराची में 26 मार्च के कांग्रेस अधिवेशन में भाग लेने आये हुए थे। सरदार किशन सिंह उस समय भी यही सोच रहे थे कि उनके बेटे का बलिदान व्यर्थ न चला जाये। वे समझ रहे थे कि यदि अभी कांग्रेस में फूट पड़ती है और किसी तरह की आपस में बगावत होती है तो अंग्रेज़ों का मंसूबा सफल हो जायेगा और यदि हम आपस में लड़ कट मरेंगे तो हमारे जांबाज बेटे की आख़िरी इच्छा कि 'देश आज़ाद होगा...' हसरत ही बनी रह जायेगी।

किशन सिंह जी भी समझते थे कि महात्मा गाँधी के अहिंसक शस्त्र की लड़ाई से ही अब देश को आज़ादी मिल सकती है... और कोई दूसरा रास्ता नहीं है, तभी तो उन्होंने कांग्रेस के अधिवेशन में अपनी बात को इस तरह रखा–'हमसे भगत सिंह ने कहा था तुम परेशान न हो। मुझे फाँसी लगने दो यही ठीक है। हमें फाँसी लगी तो एक हफ्ते में स्वराज्य मिल जायेगा। वो कहता था कि प्रिवी काउन्सिल में जाने का कोई फ़ायदा नहीं है चूँकि ग़ुलामों का हक नहीं है कि शिकायत करें।'

किशन सिंह ने जैसे ही इस उद्‌गार को व्यक्त किया क्या छोटे और क्या बड़े–बुजुर्ग कांग्रेस के सारे प्रतिनिधि सुनने के साथ ही फूट–फूट कर और ज़ोर–ज़ोर से रोने लगे...।

पर सरदार किशन सिंह ने, जिनकी आँखें स्वयं आँसुओं से तर–बतर थी और आवाज़ भर्रा रही थी, अपनी बात को आगे कहना जारी रखा...। अपनी बात समाप्त करने के पहले उन्होंने कहा कि 'आप सबों से एक अपील है कि आप लोगों को अपने जेनरल महात्मा गाँधी का साथ ज़रूर देना चाहिए। आपको सभी कांग्रेसी नेताओं का साथ ज़रूर देना चाहिए। सिर्फ़ तभी आप, देश की आज़ादी प्राप्त करेंगे...।'

सरदार किशन सिंह जी के भाषण के बाद पं. नेहरू ने उनकी बातों का समर्थन करते हुए भर्राई आवाज़ में कहा–शान्ति के सबसे बड़े अनुयायी महात्मा गाँधी... का अहिंसा का मार्ग ही हमें आज़ादी दिला सकेगा। हमारा रास्ता अलग है। हमने हमेशा यही कहा है कि हथियारों का इस्तेमाल करके हम अपने देश को आज़ाद नहीं करा सकते।

23 मार्च को पं. नेहरू पहले व्यक्ति थे जिन्होंने सबसे पहले भगत सिंह को श्रद्धांजलि देते हुए कहा था–'भगत सिंह एक सच्चे योद्धा थे जिन्होंने खुले में दुश्मन का सामना किया। वह एक नौजवान लड़का था जिसके अन्दर देश प्रेम कूट–कूट कर भरा था। वे एक चिंगारी की तरह थे जो थोड़े समय में ही ज्वाला बन गयी और पूरे देश में फैले अन्धकार को मिटा गयी।'

पं. मदन मोहन मालवीय ने भी पं नेहरू की इस बात का अनुमोदन किया तथा अध्यक्ष सरदार पटेल ने भी सरदार भगत सिंह को अश्रुपूरित नयनों से श्रद्धांजलि दी। अध्यक्ष सरदार पटेल ने कहा–सरकार की पत्थर दिल और विदेशी प्रवृत्ति का इससे पहले कभी भी इतना तगड़ा विरोध नहीं हुआ था जितना उनकी फाँसी के बाद हुआ। जबकि सारे देश की माँग फाँसी की सज़ा बदलने की थी। हालाँकि इस रोष के माहौल में हमें अपने उद्देश्य से नहीं भटकना चाहिए...।

इसी बीच कांग्रेस अधिवेशन की अवधि में ही शहीद सुखदेव की लिखी चिट्ठी को, जो उन्होंने फाँसी लगने के पहले महात्मा गाँधी को लिखी थी, सुखदेव के भाई मथुरा दास ने महादेव देसाई के हाथों में दी।

महात्मा गाँधी ने सुखदेव के लिखे ख़त को सार्वजनिक किया। उस पत्र में महात्मा गाँधी से कुछ सवाल उन्होंने पूछा था। उस पत्र में सुखदेव ने महात्मा गाँधी के लिए एक अलग ही तरह का सम्बोधन करते हुए लिखा–'सबसे अधिक नम्र महात्मा जी।'

उन्होंने अपने पत्र में लिखा था कि समझौते के बाद सारे राजनीतिक बन्दी रिहा हो गये मगर क्रान्तिकारियों को रिहा क्यों नहीं किया गया? आधा दर्जन क़ैदी अपनी फाँसी का इन्तज़ार कर रहे हैं तो दर्जनों क्रान्तिकारी फरार हैं। लाहौर हत्याकाण्ड के तीनों आरोपियों (भगत सिंह, सुखदेव, राजगुरु) की किस्मत ऊँचाइयों पर है जिसे जनता की इतनी सहानुभूति मिली। मुझे लगता है हमारी फाँसी क्रान्तिकारियों के पक्ष में ज़्यादा काम करेगी सज़ा बदलवाने के मुक़ाबले...।

सुखदेव ने अपने प्रश्न को आगे बढ़ाते हुए पूछा–महात्मा जी आप क्रान्तिकारियों से अपनी गतिविधियों को बन्द करने के लिए क्यों कह रहे हैं? आपकी भावुक अपीलें उनमें विश्वासघात की भावना और अकेलापन पैदा कर रही हैं।

सुखदेव ने आगे फिर अपनी बात रखते हुए लिखा–आप पहुँचे हुए कुछ क्रान्तिकारियों से बात कीजिए और यदि आप चाहते हैं कि वे अपनी गतिविधियाँ बन्द करें तो उन्हें सन्तुष्ट करना चाहिए।

आगे सुखदेव ने फिर लिखा–मैं नहीं सोचता कि आप भी वही सामान्य रूढ़िवादी सोच रखते हैं कि क्रान्तिकारियों की देश भक्ति का आधार सिर्फ़ ख़ून ख़राबा करना ही है। अगर आप वाकई उनकी मदद करना चाहते हैं तो उनके नज़रिए को समझने के लिए उनसे बात करें और इस समस्या पर विस्तार से बात करें। नहीं तो उन्हें उनके हाल पर छोड़ दें।

उम्मीद करता हूँ कि आप इस प्रार्थना पर ध्यान देंगे और अपने विचार सार्वजनिक रूप से रखेंगे।

सुखदेव ने अन्त में लिखा–'आपका, बहुतों में से एक'।

महात्मा गाँधी ने सुखदेव की इच्छा को देखते हुए इस पत्र को सार्वजनिक करते हुए अपने विचार को भी सार्वजनिक रूप से रखा।

महात्मा गाँधी ने अपने सम्बोधन में सुखदेव का नाम नहीं लिया क्योंकि उसने कहीं भी अपना नाम नहीं लिखा था बल्कि लिखा था 'आपका बहुतों में से एक'। इसी से उन्होंने कहा, 'लिखने वाला बहुतों में से एक नहीं है।, क्योंकि ज़्यादातर राजनीतिज्ञ आज़ादी के लिए फाँसी का फँदा नहीं चाहते...।

महात्मा गाँधी ने सुखदेव के प्रश्न का जवाब देते हुए कहा–लिखने वाले ने एक बात न्याय संगत नहीं लिखी कि क्रान्तिकारियों से उनकी गतिविधि बन्द करने की भावुक अपील भर की है। पर मेरा दावा है कि मैंने सिर्फ़ भावुक अपील भर नहीं की है बल्कि उन्हें कड़वा सच बताया है। पहली बात क्रान्तिकारी गतिविधियाँ हमें अपने लक्ष्य के क़रीब नहीं लाकर दूर कर देती हैं।

दूसरी बात क्रान्तिकारी गतिविधियों की वजह से फ़ौजी ख़र्च बढ़ाये जाते हैं जो हम ग़रीबों के ही पैसे होते हैं।

तीसरी बात, जब भी एक क्रान्तिकारी की हत्या होती है तो वह मात्र एक ख़ास समय में होती है और एक स्थान पर होती है और हत्या के

बाद सच–झूठ, दुराव–छिपाव तो इतने अधिक बढ़ ही जाते हैं कि उस जगह पर नैतिक पतन ही होता है।

चौथी बात, क्रान्तिकारी हिंसक गतिविधि में भाग लेने के कारण जन–जागरण में भाग नहीं ले सकते हैं।

पाँचवीं बात लोगों की है। इनकी मदद करने में उन्हें बहुत अधिक ख़र्च का बोझ उठाना पड़ता है और दूसरी तरफ़ अप्रत्यक्ष रूप से सरकार के ग़ुस्से को भी झेलना पड़ता है। अतः जन साधारण के ऊपर दोहरा मार पड़ता है और वे इसे ज़्यादा दिन तक नहीं झेल पायेंगे और इस कारण वे इन मामलों से उदासीन हो जायेंगे।

छठी बात, हिन्दुस्तानी मिट्टी, हिन्दुस्तानी सभ्यता में, जैसा कि इतिहास हमें सिखाता है, क्रान्तिकारी हत्या नहीं पनप सकती। यहाँ की राजनीति में हिंसा ठीक नहीं है।

सातवीं बात, अगर क्रान्तिकारी अपने तरीके से लोगों को बदलना चाहते हैं तो हमें अनिश्चित लम्बे समय तक इन्तज़ार करना होगा क्योंकि सभी लोगों को पहले हिंसा के तौर तरीक़े सिखाने होंगे आज़ादी पाने के लिए।

इसके आगे महात्मा गाँधी ने कहा कि हो सकता है कि कभी यहाँ हिंसा का तरीक़ा लोकप्रिय हो जाये तो यह ज़रूर होगा कि प्रतिपक्ष भी वहीं करेगा और हिंसा लोकप्रिय होगी हमारे अपने ही सिरों की कीमत पर।

महात्मा गाँधी ने कहा–क्रान्तिकारियों के पास प्रत्यक्ष प्रदर्शन का एक तरीक़ा है अहिंसा के द्वारा, जिसमें वे अपनी बात को सही तरीक़े से रख सकेंगे और सही बात यही है कि सत्ता हिंसा से ज़्यादा अहिंसा के उपासकों से डरती है।

और फिर अपनी बात को और स्पष्ट करते हुए उन्होंने कहा–कि अगर हमारे पास पूरी तरह से शान्त माहौल है तो ख़ुद हम अपने लक्ष्य को पा लेंगे। और क्रान्तिकारियों ने भी इसे देखा है कि अहिंसक आन्दोलन से कैसे पूरा देश जुड़ जाता है और इसने अंग्रेज़ी हुकूमत की नींव को हिला दिया है।

मैंने सार्वजनिक रूप से क्रान्तिकारियों से अपील की है कि राजनीतिक हत्या न करें क्योंकि यह एक ख़तरनाक व्यवसाय है और उसकी बहुत ज़्यादा क़ीमत देनी पड़ती है।

महात्मा गाँधी ने अपनी बात समाप्त करते हुए कहा–चिट्ठी कहती है कि सत्याग्रहियों को तो जेल से रिहाई मिली पर क्रान्तिकारियों को नहीं। व्यक्तिगत रूप से, मैं उन सबको रिहा देखना चाहता था। उनकी रिहाई

को सुरक्षित करने के लिए मैं हर कोशिश करूँगा। मैं जानता हूँ कि उनमें से कुछ को बहुत पहले छूट जाना चाहिए था। इस बारे में कांग्रेस के पास एक प्रस्ताव है। एक कांग्रेसी नेता सार्जेण्ट नरीमन को कांग्रेस की कार्यकारिणी ने नियुक्त किया है वे उन सभी क्रान्तिकारियों के नाम को इकट्ठा करेंगे। जैसे ही वे लिस्ट पा लेंगे उनकी रिहाई सुनिश्चित करने के लिए क़दम उठाया जायेगा। परन्तु वे जो बाहर हैं उन्हें क्रान्तिकारी हत्याएँ रोक कर मदद करनी चाहिए। निःसंदेह ऐसे राजनीतिक बन्दी हैं जिन्हें किसी भी हालत में रिहा किया जाना चाहिए। मैं सिर्फ़ भरोसा दिला सकता हूँ कि देरी इच्छा में कमी की वजह से नहीं बल्कि सामर्थ्य की कमी की वजह से है।

और अन्त में यदि आख़िरी समझौता हुआ तो याद रखिए कि सभी राजनीतिक बन्दी कुछ ही महीनों में ज़रूर रिहा हो जायेंगे और यदि आख़िरी समझौता नहीं हुआ तो जो भी राजनीतिक बन्दा अभी रिहा हुए हैं सभी जेल के अन्दर होंगे...।

और सचमुच ऐसा ही हुआ... पहले पुनः सारे बाहर के राजनीतिक क़ैदी जेल के अन्दर गये और अन्त में सब लोग साथ–साथ बाहर आये...।

यह सच्चाई है और यही सच्चाई है जो गाँधी को महात्मा बनाती है, बुद्ध बनाती है, सुकरात बनाती है या ईसा बनाती है कि वे आजीवन अहिंसा से वैसे ही चिपके रहे जैसे अबोध शिशु अपनी माँ से...।

तो यह भी स्वाभाविक है कि गाँधी कैसे उन युवा क्रान्तिकारियों के दल से एकमत होते जो देश की आज़ादी हिंसा के द्वारा प्राप्त करना चाहते थे। अहिंसा को अपने दर्शन, का अभिन्न हिस्सा ही नहीं, अपनी ज़िन्दगी मानने वाले गाँधी कैसे इस रास्ते को पसन्द करते...।

जिस गाँधी ने अपने पूरे जीवन में किसी के प्रति मनोमालिन्य नहीं लाया क्या वे अपने देश के देशभक्त नौजवानों से ला सकते थे? सवाल ही नहीं उठता।

भगत सिंह की फाँसी रुक सकती थी यदि महात्मा गाँधी चाहते तो इस विचारधारा को फैलाने वालों को शायद यह नहीं मालूम कि महात्मा गाँधी को अपने जीवन काल में जब–जब सज़ा सुनाई गयी है, उन्होंने हमेशा अंग्रेज़ी हुकूमत से यही कहा कि–हाँ, मैंने यह जुर्म किया है... अपने देशवासियों को जगाया है। यही नहीं, चौरी–चौरा काण्ड में नृशंस हत्या के लिए भी इन्होंने अपने को ज़िम्मेवार मानकर यह माँग की कि 'मुझे

कड़ी से कड़ी सज़ा दी जाये।' सिर्फ़ अपने लिए ही नहीं सत्याग्रहियों के लिए भी गाँधी की यही सोच थी।

तो फिर यह सवाल उठता है कि अहिंसक आन्दोलन के सत्याग्रहियों और स्वयं के लिए कड़ी से कड़ी सज़ा माँगने वाले महात्मा गाँधी ने भगत सिंह के लिए फाँसी की सज़ा को माफ़ करने के लिए वाइसराय से क्यों प्रार्थना की?

सबसे पहली बात यह कि वे फाँसी की सज़ा को पूरी तरह से अमानवीय मानते थे। इस सज़ा में उस व्यक्ति को अपनी गलती सुधारने का कोई मौक़ा नहीं मिलता था...।

दूसरी बात उन्हें यह भी लगता था कि... भगत सिंह ने जो यह काम किया है वह स्थिर दिमाग़ में नहीं, बल्कि उत्तेजित अवस्था में किया है। हालाँकि महात्मा गाँधी इस बात को भी मानते थे कि अंग्रेज़ी हुकूमत ने ऐसी परिस्थितियाँ उत्पन्न की हैं कि कोई भी व्यक्ति उत्तेजित हो सकता है। इसी से वाइसराय को फाँसी की सज़ा को मुअत्तल करने की प्रार्थना करते समय महात्मा गाँधी ने इस बिन्दु पर भी गौर फरमाने के लिए कहा है कि भगत सिंह और उनके साथियों का दिमाग़ सही ठिकाने पर नहीं था। कानूनविद होने के नाते महात्मा गाँधी को पता था कि दिमाग़ ठिकाने नहीं रहने वाले व्यक्ति को फाँसी की सज़ा देने का प्रावधान नहीं है...।

सबसे महत्त्वपूर्ण बात महात्मा गाँधी को इन क्रान्तिकारियों से बेहद सहृदयता थी...। वे जानते थे और मानते थे कि इनकी देशभक्ति भले ही उनके तरीक़े को पसन्द नहीं करती थी किन्तु इसका मतलब हरगिज नहीं था कि इनकी देशभक्ति किसी से भी कम थी। महात्मा गाँधी की इच्छा रहती थी प्रत्येक क्रान्तिकारी अपने हिंसक कार्यक्रम को त्यागकर अहिंसक रास्ते पर चलकर अपने अन्दर की देशभक्ति के जज़्बे को देश के जन–जागरण एवं रचनात्मक कार्यों में लगाये...।

बहुत सारे देशभक्त क्रान्तिकारियों ने जब यह देखा कि चन्द्रशेखर आज़ाद को 1931 में फ़रवरी में इलाहाबाद में गोली मार देने के बाद हिंसक आन्दोलन सही मायने में समाप्त हो गया, तब उन नौजवानों में से कुछ वामपार्टियों, कुछ समाजवादी पार्टियाँ और कुछ ने अहिंसावादी कांग्रेस में गाँधी मार्ग पर चलने का निश्चय कर लिया।

सच तो यही था कि महात्मा गाँधी ने सुखदेव के पत्रोत्तर में जिस

कटु सत्य को कहा था सही में उन विपरीत परिस्थितियों का सामना क्रान्तिकारियों को करना पड़ रहा था।

दरअसल हिंसक आन्दोलनकारियों के रास्ते में ढेर सारी रुकावटें भी थीं। वे अपने कार्यक्रमों में भारत की आम जनता को नहीं जोड़ पाते थे क्योंकि हिंसक वारदात में सबको जोड़ना आसान नहीं है। पहली बात तो यह कि अधिक लोग जुड़ ही नहीं सकते थे, न घर के बड़े–बुजुर्ग उन्हें जुड़ने देते थे और दूसरा सरकारी दमन के डर से, किसी भी तरह के आन्दोलन से अपने को अलग कर लेते थे और नवयुवकों पर दबाव भी बनाते थे। यानी बात बनने के बजाय बिगड़ जाती थी।

एक बात और चूँकि क्रान्तिकारियों को अस्त्र–शस्त्र ख़रीदने के लिए पैसों की ज़रूरत पड़ती थी उसके लिए हत्या, डकैती जैसी वारदातों को भी करना पड़ता था। इसके लिए स्वयं क्रान्तिकारी भी सोचते थे कि अपने कार्यक्रमों को गोपनीय ढंग से परिणाम दिया जाये। इसी से जनसाधारण को अपने से जोड़ने के लिए वे अधिक प्रयत्नशील भी नहीं रहते थे।

इसी से बंगाल के सूर्य सेन हों या भगत सिंह सभी चाहते थे कांग्रेस देश को जाग्रत करने का काम करती रहे... वह देश के कोने–कोने में जागृति फैलाते रहे... और क्रान्तिकारी अपने स्तर पर हिंसात्मक कार्यवाही करके अंग्रेज़ी हुकूमत को पानी पिला दें...। पर इतने बड़े अंग्रेज़ों से हिंसात्मक तरीक़े से युद्ध करने की तैयारी करने में ढेर सारी परेशानियाँ थीं। क्रान्तिकारियों का सबसे पहले काम था हिंसा के प्रथम सहयोगी 'अस्त्रों' की ख़रीदारी...। उसे कहाँ से और कैसे ख़रीदा जाये... एक सवाल यह भी था। किन्तु इससे भी महत्त्वपूर्ण समस्या थी कि पैसा कहाँ से लाया जाये...। चन्दे की माँग अस्त्र ख़रीदने के लिए नहीं की जा सकती थी। वैसे कुछ लोग थे जो क्रान्तिकारियों को पैसे से मदद करते थे, जैसे मोतीलाल नेहरू और पुरुषोत्तम दास टण्डन प्रत्येक महीने चन्द्रशेखर आज़ाद को पैसे भेजते थे। परन्तु ऐसे लोगों की संख्या बहुत ही कम थी।

पर इतने कम पैसों से महँगे अस्त्र की ख़रीदारी नहीं हो सकती थी तो फिर इसके लिए बैंक लूटने की या सरकारी खज़ाने की लूटने की कोशिश क्रान्तिकारी करते रहते थे। परन्तु अंग्रेज़ी शासन की चुस्त–दुरुस्त शासन व्यवस्था, उनके प्लान को अंजाम देने के पहले ही नष्ट कर देती थी। क्रान्तिकारी चूँकि पेशेवर डाकू नहीं थे इसी से उनकी ढुलमुल कार्य–शैली होने के कारण वे अपने कार्यों में सफल नहीं हो पाते थे। असफल

होने का एक महत्त्वपूर्ण कारण यह भी था कि क्रान्तिकारियों की टोली में जुड़ने वाले कुछ नवयुवक पुलिस के मुखबिर बन जाते थे कभी भय के दबाव में तो कभी लालच के दबाव में..., पर इसका ख़मियाजा भुगतना पड़ता था क्रान्तिकारियों को...। भगत सिंह के द्वारा स्वयं बैंक लूटने की कार्यवाही अंजाम तक नहीं पहुँच पायी क्योंकि कार्यक्रम ढीला–ढाला था। बैंक जाने के लिए गाड़ी का इन्तज़ाम ही नहीं हो पाया था।

इसी तरह ढेरों बातें हैं जो सशस्त्र आन्दोलन को जनसाधारण से जुड़ने नहीं देती थीं...। दूसरी ओर भारत माता ने अपनी आँखों से देखा कि उनके सत्याग्रही पुत्र के नेतृत्व में बाल, वृद्ध, वनिता से लेकर नौजवान तक सभी अहिंसात्मक आन्दोलन में जुड़ गये...। पूरा देश जाग्रत होकर कहने लगा–'अंग्रेज़ी हुकूमत तुम यहाँ से जाओ... हम मरेंगे पर आपको जाना होगा।' सिर्फ़ एक अकार का फ़र्क़ था मारेंगे की जगह मरेंगे.... और एक अकार की मात्रा के कारण बहुत बड़ा फ़र्क़ था–एक में गोपनीयता थी, दुराव था, छिपाव था, लूटजनी थी, हिंसा थी.... इसके कारण लोगों से जुड़ाव नहीं था और दूसरे में शान्ति थी, प्रेम था, दुश्मन के प्रति भी नफ़रत नहीं थी और गोपनीयता का तो सवाल ही नहीं था। सब कुछ अंग्रेज़ों के सामने था खुल्लम–खुल्ला। इसमें शामिल होना सबों के लिए आसान भी था। और अब जहाँ सब कुछ खुल्लम–खुल्ला है वहाँ प्रतिपक्षी भी क्या करे कौन से क़दम उठाये, उसके लिए भी सोचना टेढ़ी खीर थी।

महात्मा गाँधी का एक जीवन दर्शन था जिसमें भगत सिंह की देशभक्ति तो शामिल थी पर उनके हिंसात्मक साधनों को वे अपने दर्शन में एक तिल का स्थान भी नहीं देते थे। पर इसका मतलब यह हरगिज नहीं था कि महात्मा गाँधी और भगत सिंह में कोई साम्यता नहीं थी...। बहुत सारे मुद्दे ऐसे हैं जिसमें दोनों के विचार एकदम एक हैं। जैसे–'हिन्दू–मुस्लिम एकता,' अस्पृश्यता, स्वतन्त्रता, समानता आदि।

हिन्दू–मुस्लिम एकता के लिए महात्मा गाँधी के विचार और कार्य सर्वविदित हैं। महात्मा गाँधी हिन्दू–मुस्लिम एकता के लिए सिर्फ़ अपने जान की बाजी ही नहीं लगा देते हैं, बल्कि अपने ईश्वर से भी गुहार लगाते हुए कहते हैं–मैं हिन्दू–मुस्लिम एकता की समस्या को छोड़ने का साहस नहीं करता। परन्तु लगता है यह मनुष्य के हाथों से निकल गयी है, इसका उपाय केवल ईश्वर के हाथों में है। जैसे द्रौपदी को उसके पतियों ने, मनुष्यों ने, देवताओं ने त्याग दिया था और उसने केवल ईश्वर

से ही सहायता की प्रार्थना की थी और ईश्वर ने उसको सहायता दी थी। वैसी ही दशा मेरी है, हममें से हर एक को ऐसा ही सोचना चाहिए। हमें सर्वशक्तिमान ईश्वर से ही सहायता माँगनी चाहिए और उसी से कहना चाहिए कि उसकी सृष्टि के हम तुच्छ प्राणी अपने कर्त्तव्य का पालन नहीं कर सके हैं। हम एक–दूसरे से घृणा करते हैं, हम एक–दूसरे का अविश्वास करते हैं, हम एक–दूसरे का गला पकड़ते हैं और एक–दूसरे की हत्या भी कर देते हैं। हमें उसी प्रभु से हार्दिक पुकार करनी चाहिए कि वह हमारे ह्रदयों से इस घृणा को दूर करके उन्हें शुद्ध बनायें। हम एक–दूसरे का अविश्वास करके और एक–दूसरे से डरकर, उसकी इस पृथ्वी को, उसके नाम को और इस पवित्र देश को बदनाम कर रहे हैं। यद्यपि हम इसी मातृभूमि की सन्तान हैं, इसी का अन्न खाते हैं, फिर भी हमारे मनों में एक–दूसरे के लिए गुंजाइश नहीं है। हमें ईश्वर से पूर्ण विनम्रता के साथ प्रार्थना करनी चाहिए कि वह हमें समझ और ज्ञान दें।

हिन्दू और मुसलमान जानवर बन जाते हैं, पर उन्हें याद रखना चाहिए कि वे झुकी हुई कमर वाले जानवर नहीं हैं, सीधी कमर वाले मनुष्य हैं। इसलिए घोर विपत्तियों में उन्हें धर्म और श्रद्धा नहीं छोड़नी चाहिए।

पर शायद भगत सिंह के इस विचार की जानकारी बहुत कम लोगों को है कि वे साम्प्रदायिकता को उतना ही बुरा मानते थे जितना कि साम्राज्यवाद को। उन्होंने स्वयं कहा कि 'साम्प्रदायिकता समाज की उतना ही बड़ा दुश्मन है जितना साम्राज्यवाद।'

भगत सिंह का भी मानना था कि धर्म एक व्यक्तिगत चीज़ है, निहायत व्यक्तिगत, इसे किसी भी हाल में सार्वजनिक नहीं करना चाहिए।

भगत सिंह आदि ने जिस 'नौजवान भारत सभा' की संरचना की उसमें भी एक नियम पारित किया था कि इसके सदस्य किसी भी रूप में किसी साम्प्रदायिक गुट से किसी तरह का सम्बन्ध नहीं रखेगा क्योंकि उस समय नौजवान धार्मिक साम्प्रदायिक नेताओं से, जो देश की आज़ादी के दुश्मन अंग्रेज़ों के हाथों में खेल रहे थे, बहुत चिढ़े हुए थे। क्रान्तिकारियों की सोच थी कि साम्प्रदायिक नेता साम्प्रदायिक दंगे करवाते हैं और हमारी आज़ादी की लहर के विकास की राह में बाधाएँ डालते तथा कठिनाइयाँ पैदा करते हैं।

नौजवान भारत सभा में सर्व सम्मति से यह प्रस्ताव भगत सिंह की अगुवाई में पास हुआ कि किसी भी धार्मिक संगठन से जुड़े नौजवान को

इसमें नहीं लिया जा सकता क्योंकि धर्म व्यक्ति का निजी मामला है और साम्प्रदायिकता हमारी दुश्मन है और जिसका हर हाल में विरोध किया जाना चाहिए।

1919 के जलियाँवाला बाग हत्याकाण्ड के बाद ब्रिटिश सरकार ने साम्प्रदायिक दंगों का खूब प्रचार शुरू किया। इसके असर से 1924 में कोहाट में बहुत ही अमानवीय ढंग से हिन्दू–मुस्लिम दंगे हुए। इसके बाद राष्ट्रीय राजनीतिक चेतना में साम्प्रदायिक दंगों पर लम्बी बहस चली। इन्हें समाप्त करने की ज़रूरत तो सबने महसूस की, लेकिन कांग्रेसी नेताओं ने हिन्दू–मुस्लिम नेताओं में सुलहनामा लिखाकर दंगों को रोकने के यत्न किये।

ऐसे अवसर पर भगत सिंह ने अपना विचार रखा–भारतवर्ष की दशा इस समय बड़ी दयनीय है। एक धर्म के अनुयायी दूसरे धर्म के अनुयायियों के जानी दुश्मन हैं। अब तो एक धर्म का होना ही दूसरे धर्म का कट्टर शत्रु होना है। यदि इस बात का अभी यकीन न हो तो लाहौर के ताज़ा दंगे ही देख लें। किस प्रकार मुसलमानों ने निर्दोष सिखों, हिन्दुओं को मारा है और किस प्रकार सिखों ने भी वश चलते कोई कसर नहीं छोड़ी है। यह मार–काट इसलिए नहीं की गयी कि फला आदमी दोषी है, वरन् इसलिए कि फला आदमी हिन्दू है या सिख है या मुसलमान है। बस, किसी व्यक्ति का सिख या हिन्दू होना मुसलमानों द्वारा मारे जाने के लिए काफ़ी था और इसी तरह किसी व्यक्ति का मुसलमान होना ही उसकी जान लेने के लिए पर्याप्त तर्क था। जब स्थिति ऐसी हो तो हिन्दुस्तान का ईश्वर ही मालिक है।

ऐसी स्थिति में हिन्दुस्तान का भविष्य बहुत अन्धकारमय नज़र आता है। इन 'धर्मों' ने हिन्दुस्तान का बेड़ा गर्क कर दिया है। और अभी पता नहीं कि ये धार्मिक दंगे भारतवर्ष का पीछा कब छोड़ेंगे। इन दंगों ने संसार की नज़रों में भारत को बदनाम कर दिया है। और हमने देखा है कि इस अन्धविश्वास के बहाव में सभी बह जाते हैं। कोई बिरला ही हिन्दू, मुसलमान या सिख होता है, जो अपना दिमाग़ ठण्डा रखता है, बाक़ी डण्डे–लाठियाँ, तलवारें–छुरे हाथ में पकड़ लेते हैं और आपस में सिर फोड़–फोड़कर मर जाते हैं। बाक़ी बचे कुछ तो फाँसी चढ़ जाते हैं और कुछ जेलों में फेंक दिये जाते हैं। इतना रक्तपात होने पर 'धर्मजनों' पर अंग्रेज़ी सरकार का डण्डा बरसता है और फिर इनके दिमाग़ का कीड़ा ठिकाने पर आ जाता है।

जहाँ तक देखा गया है, इन दंगों के पीछे साम्प्रदायिक नेताओं और अख़बारों का हाथ है। इस समय हिन्दुस्तान के साम्प्रदायिक नेताओं ने ऐसी लीद की है कि चुप ही भली। वही नेता जिन्होंने भारत को स्वतन्त्र कराने का बीड़ा अपने सिरों पर उठाया हुआ था और जो 'स्वराज–स्वराज' के दमगजे मारते नहीं थकते थे, वही या तो अपने सिर छिपाए चुपचाप बैठे हैं या इसी धर्मान्धता के बहाव में बह चले हैं। सिर छिपाकर बैठने वालों की संख्या भी क्या कम है? लेकिन ऐसे नेता, जो साम्प्रदायिक आन्दोलन में जा मिले हैं, वैसे तो ज़मीन खोदने से सैकड़ों निकल आते हैं। जो नेता हृदय से सबका भला चाहते हैं, ऐसे बहुत ही कम हैं, और साम्प्रदायिकता की ऐसी प्रबल बाढ़ आयी हुई है कि वे भी इसे रोक नहीं पा रहे। ऐसा लग रहा है कि भारत में नेतृत्व का दिवाला पिट गया है।

दूसरे सज्जन, जो साम्प्रदायिक दंगों को भड़काने में विशेष हिस्सा लेते रहे हैं, वे अख़बार वाले हैं।

पत्रकारिता का व्यवसाय, जो किसी समय बहुत ऊँचा समझा जाता था, आज बहुत ही गन्दा हो गया है। यह लोग एक–दूसरे के विरुद्ध बड़े मोटे–मोटे शीर्षक देकर लोगों की भावनाएँ भड़काते हैं और परस्पर सिर फुटौव्वल करवाते हैं। एक–दो जगह ही नहीं, कितनी ही जगहों पर इसलिए दंगे हुए हैं कि स्थानीय अख़बारों ने बड़े उत्तेजनापूर्ण लेख लिखे हैं। ऐसे लेखक, जिनका दिल व दिमाग़ ऐसे दिनों में भी शान्त रहा हो, बहुत कम हैं।

अख़बारों का असली कर्तव्य शिक्षा देना, लोगों से संकीर्णता निकालना, साम्प्रदायिक भावनाएँ हटाना, परस्पर मेल–मिलाप बढ़ाना और भारत की साझी राष्ट्रीयता बनाना था, लेकिन इन्होंने अपना मुख्य कर्तव्य अज्ञान फैलाना, संकीर्णता का प्रचार करना, साम्प्रदायिक बनाना, लड़ाई–झगड़े करवाना और भारत की साझी राष्ट्रीयता को नष्ट करना बना लिया है। यही कारण है कि भारतवर्ष की वर्तमान दशा पर विचार कर आँखों से रक्त के आँसू बहने लगते हैं और दिल में सवाल उठाता है कि 'भारत का बनेगा क्या?'

यह ख़ुशी का समाचार हमारे कानों को मिला है कि भारत के नवयुवक अब वैसे धर्मों से, जो परस्पर लड़ाना व घृणा करना सिखाते हैं, तंग आकर हाथ धो रहे हैं और उनमें इतना खुलापन आ गया है कि वे भारत के लोगों को धर्म की नज़र से–हिन्दू–मुसलमान या सिख रूप में नहीं, वरन् सभी को पहले इनसान समझते हैं, फिर भारतवासी। भारत के युवकों में

इन विचारों के पैदा होने से पता चलता है कि भारत का भविष्य सुनहला है और भारतवासियों को इन दंगों आदि को देखकर घबराना नहीं चाहिए, बल्कि तैयार–बर–तैयार हो यत्न करना चाहिए कि ऐसा वातावरण बने, ताकि दंगे हों ही नहीं।

यहाँ तक कि भगत सिंह ने, जो लाला लाजपत राय की पहले बहुत इज़्ज़त करते थे, परन्तु यह मालूम होते ही कि लालाजी का रुझान साम्प्रदायिक होने लगा है, उनकी विचारधारा के ख़िलाफ़ एक मुहिम छेड़ दिया... जिसमें बड़े–बड़े बैनर पर लालाजी का चित्र बनाकर उन्हें–'मरा हुआ नेता' लिखकर लाहौर में बँटवाया।

भगत सिंह ने एक पुस्तिका भी लिखी थी कि मैं नास्तिक क्यों हूँ? उन्हें लगता था कि धर्म ही है जो व्यक्ति–व्यक्ति को आपस में बाँटता है।

भगत सिंह ने लिखा है कि उनके साथी उन्हें निरंकुश शासक मानते थे। उनके दोस्त उन पर यह भी आरोप लगाते थे कि वे अपने विचार दूसरे पर थोप देते थे। कुछ हद तक इस बात को वे सही मानते थे। पर वे इस बात से इनकार करते थे कि जैसा उनके दोस्त उन पर आरोप लगाते थे कि दिल्ली बम काण्ड और लाहौर षड्यन्त्र मुक़दमे की वजह से अनुचित लोकप्रियता के कारण वे अहंकारी हो गये थे और इतना कि वे ईश्वर तक में विश्वास नहीं करने लगे थे। पर उनका मानना था कि वे अपने प्रारम्भिक दिनों के बाद से ही ईश्वर के अस्तित्व को नकारने लगे थे। ईश्वर की सत्ता को नहीं मानने के पीछे भगत सिंह के किशोर मन पर मार्क्स और लेनिन का अत्यधिक प्रभाव भी हो सकता है।

भगत सिंह ने इस लेख में लिखा है कि 'एक नयी समस्या उठ खड़ी हुई है, क्या मैं किसी अहंकार के कारण सर्वशक्तिमान, सर्वव्यापी तथा सर्वज्ञानी ईश्वर के अस्तित्व पर विश्वास नहीं करता हूँ? मैंने कभी कल्पना भी न की थी कि मुझे इस समस्या का सामना करना पड़ेगा। लेकिन अपने दोस्तों से बातचीत के दौरान मुझे ऐसा महसूस हुआ कि मेरे कुछ दोस्त, यदि मित्रता का मेरा दावा गलत न हो, मेरे साथ अपने थोड़े–से सम्पर्क में इस निष्कर्ष पर पहुँचने के लिए उत्सुक हैं कि मैं ईश्वर के अस्तित्व को नकारकर कुछ ज़रूरत से ज़्यादा आगे जा रहा हूँ और मेरे घमण्ड ने कुछ हद तक मुझे इस अविश्वास के लिए उकसाया है। जी हाँ, यह एक गम्भीर समस्या है। मैं ऐसी कोई शेखी नहीं बघारता कि मैं मानवीय कमज़ोरियों से बहुत ऊपर हूँ। मैं एक मनुष्य हूँ और अधिक कुछ नहीं।

कोई भी इससे अधिक होने का दावा नहीं कर सकता। एक कमज़ोरी मेरे अन्दर भी है। अहंकार मेरे स्वभाव का अंग है। अपने कामरेडों के बीच मुझे एक निरंकुश व्यक्ति कहा जाता था। यहाँ तक कि मेरे दोस्त श्री बी. के. दत्त भी मुझे कभी–कभी ऐसा कहते थे। कई मौक़ों पर स्वेच्छाचारी कहकर मेरी निन्दा भी की गयी। कुछ दोस्तों को यह शिकायत है, और गम्भीर रूप से है, कि मैं अनचाहे ही अपने विचार उन पर थोपता हूँ और अपने प्रस्तावों को मनवा लेता हूँ। यह बात कुछ हद तक सही है, इससे मैं इनकार नहीं करता। इसे अहंवाद भी कहा जा सकता है। जहाँ तक अन्य प्रचलित मतों के मुक़ाबले हमारे अपने मत का सवाल है, मुझे निश्चय ही अपने मत पर गर्व है। लेकिन यह व्यक्तिगत नहीं है। ऐसा हो सकता है कि यह केवल अपने विश्वास के प्रति न्यायोचित गर्व हो और इसको घमण्ड नहीं कहा जा सकता। घमण्ड या सही शब्दों में अहंकार तो स्वयं के प्रति अनुचित गर्व की अधिकता है। तो फिर क्या यह अनुचित गर्व है जो मुझे नास्तिकता की ओर ले गया, अथवा इस विषय का ख़ूब सावधानी के साथ अध्ययन करने और उस पर ख़ूब विचार करने के बाद मैंने ईश्वर पर अविश्वास किया? यह प्रश्न है जिसके बारे में मैं यहाँ बात करना चाहता हूँ। लेकिन पहले मैं यह साफ़ कर दूँ कि अहंवाद और अहंकार दो अलग–अलग बातें हैं।

पहली बात तो मैं यह समझने में पूरी तरह से असमर्थ रहा हूँ कि अनुचित गर्व या वृथाभिमान किस प्रकार किसी व्यक्ति के ईश्वर में विश्वास करने के रास्ते में रोड़ा बन सकता है। मैं वास्तव में किसी महान व्यक्ति की महानता को मान्यता न दूँ, यह तभी हो सकता है जब मुझे भी थोड़ा ऐसा यश प्राप्त हो गया हो जिसके या तो मैं योग्य नहीं हूँ या मेरे अन्दर वो गुण नहीं हैं जोकि इसके लिए आवश्यक अथवा अनिवार्य हैं। यहाँ तक तो समझ में आता है, लेकिन यह कैसे हो सकता है कि एक व्यक्ति, जो ईश्वर में विश्वास रखता हो, सहसा अपने व्यक्तिगत अहंकार के कारण उसमें विश्वास करना बन्द कर दे? दो ही रास्ते सम्भव हैं। या तो मनुष्य अपने को ईश्वर का प्रतिद्वन्द्वी समझने लगे या वह स्वयं को ही ईश्वर मानना शुरू कर दे। इन दोनों ही अवस्थाओं में वह सच्चा नास्तिक नहीं बन सकता। पहली अवस्था में तो वह प्रतिद्वन्द्वी के अस्तित्व को नकारता ही नहीं है। दूसरी अवस्था में भी वह एक ऐसी चेतना के अस्तित्व को मानता है, जो पर्दे के पीछे से प्रकृति की सभी गतिविधियों का संचालन

करती है। हमारे लिए इस बात का कोई महत्त्व नहीं कि वह अपने को ही परम आत्मा समझता है या यह समझता है कि वह परम चेतना उससे परे कुछ और है। मूल बात तो मौजूद है। उसका विश्वास मौजूद है। वह किसी भी तरह एक नास्तिक नहीं है। तो मैं यह कहना चाहता था कि न तो मैं पहली श्रेणी में आता हूँ और न दूसरी में। मैं तो उस सर्वशक्तिमान परम आत्मा के अस्तित्व से ही इनकार करता हूँ। मैं इससे क्यों इनकार करता हूँ, इसको बाद में देखेंगे। यहाँ तो मैं एक बात यह स्पष्ट कर देना चाहता हूँ कि यह अहंकार नहीं है जिसने मुझे नास्तिकता के सिद्धान्त को ग्रहण करने के लिए प्रेरित किया। न तो मैं एक प्रतिद्वन्द्वी, न ही अवतार और न ही स्वयं परम आत्मा। एक बात निश्चित है, यह अहंकार नहीं है जो मुझे इस भाँति सोचने की ओर ले गया। इस अभियोग को अस्वीकार करने के लिए आइए, तथ्यों पर गौर करें। मेरे इन दोस्तों के अनुसार, दिल्ली बम केस और लाहौर षड्यन्त्र केस के दौरान मुझे जो अनावश्यक यश मिला, शायद उस कारण मैं वृथाभिमानी हो गया हूँ। तो फिर आइए, देखें कि क्या यह पक्ष सही है। मेरा नास्तिकतावाद कोई अभी हाल की उत्पत्ति नहीं है। मैंने तो ईश्वर पर विश्वास करना तब छोड़ दिया था जब मैं एक अप्रसिद्ध नौजवान था, जिसके अस्तित्व के बारे में मेरे उपर्युक्त दोस्तों को कुछ पता भी न था। कम से कम एक कॉलेज का विद्यार्थी तो ऐसे किसी अनुचित अहंकार को नहीं पाल–पोस सकता जो उसे नास्तिकता की ओर ले जाये। यद्यपि मैं कुछ अध्यापकों का चहेता था तथा कुछ अन्य को मैं अच्छा नहीं लगता था, पर मैं कभी बहुत मेहनती अथवा पढ़ाकू विद्यार्थी नहीं रहा। अहंकार जैसी भावना में फँसने का तो कोई मौका ही न मिल सका। मैं तो एक बहुत लज्जालु स्वभाव का लड़का था, जिसकी भविष्य के बारे में कुछ निराशावादी प्रकृति थी। और उन दिनों मैं पूर्ण नास्तिक नहीं था। मेरे बाबा, जिनके प्रभाव में मैं बड़ा हुआ, एक रूढ़िवादी आर्यसमाजी हैं। एक आर्यसमाजी और कुछ भी हो, नास्तिक नहीं होता। अपनी प्राथमिक शिक्षा पूरी करने के बाद मैंने डी.ए.वी स्कूल, लाहौर में प्रवेश लिया और पूरे एक साल उसके छात्रावास में रहा। वहाँ सुबह और शाम की प्रार्थना के अतिरिक्त मैं घण्टों गायत्री मन्त्र जपा करता था। उन दिनों मैं पूरा भक्त था। बाद में मैंने अपने पिता के साथ रहना शुरू किया। जहाँ तक धार्मिक रूढ़िवादिता का प्रश्न है, वह एक उदारवादी व्यक्ति हैं। उन्हीं की शिक्षा से मुझे स्वतन्त्रता के ध्येय के लिए अपने जीवन को समर्पित

करने की प्रेरणा मिली। किन्तु वे नास्तिक नहीं हैं। उनका ईश्वर में दृढ़ विश्वास है। वे मुझे प्रतिदिन पूजा–प्रार्थना के लिए प्रोत्साहित करते रहते थे। इस प्रकार से मेरा पालन–पोषण हुआ। असहयोग आन्दोलन के दिनों में मैंने राष्ट्रीय कॉलेज में प्रवेश लिया। यहाँ आकर ही मैंने सारी धार्मिक समस्याओं, यहाँ तक कि ईश्वर के बारे में उदारपूर्वक सोचना, विचारना तथा उसकी आलोचना करना शुरू किया। पर अभी भी मैं पक्का आस्तिक था। उस समय तक मैंने बिना काटे व सन्वारे हुए अपने लम्बे बालों को रखना शुरू कर दिया था, यद्यपि मुझे कभी भी सिख या अन्य धर्मों की पौराणिकता और सिद्धान्तों में विश्वास न हो सका था। किन्तु मेरी ईश्वर के अस्तित्व में दृढ़ निष्ठा थी।

बाद में मैं क्रान्तिकारी पार्टी से जुड़ा। वहाँ पर जिस पहले नेता से मेरा सम्पर्क हुआ, वे तो पक्का विश्वास न होते हुए भी ईश्वर के अस्तित्व को नकारने का साहस ही नहीं कर सकते थे। ईश्वर के बारे में मेरे हठपूर्वक पूछते रहने पर वे कहते, "जब इच्छा हो तब पूजा कर लिया करो।" यह ऐसी नास्तिकता है, जिसमें इस विश्वास को अपनाने के साहस का अभाव है। दूसरे नेता, जिनके मैं सम्पर्क में आया, वे पक्के श्रद्धालु थे। उनका नाम बता दूँ–आदरणीय कामरेड शचीन्द्रनाथ सान्याल, जोकि आजकल काकोरी षड्यन्त्र केस के सिलसिले में आजीवन कारावास भोग रहे हैं। उनकी अकेली प्रसिद्ध पुस्तक 'बन्दी जीवन' में पहले पेज से ही ईश्वर की महिमा का ज़ोर–शोर से गान है। उस सुन्दर पुस्तक के दूसरे भाग के अन्तिम पेज में उन्होंने ईश्वर के ऊपर प्रशंसा के जो रहस्यात्मक वेदान्त के कारण पुष्प बरसाये हैं, वे उनके विचारों का अजीबोगरीब हिस्सा हैं। 28 जनवरी, 1925 को पूरे भारत में जो 'दि रिवॉल्यूशनरी' (क्रान्तिकारी) पर्चा बाँटा गया था वह अभियोग पक्ष की कहानी के अनुसार उन्हीं के बौद्धिक श्रम का परिणाम है। अब इस प्रकार के गुप्त कार्यों में कोई प्रमुख नेता अनिवार्यतः अपने विचारों को ही रखता है, जो उसे स्वयं बहुत प्रिय होते हैं और अन्य कार्यकर्ताओं को उनसे सहमत होना होता है उन मतभेदों के बावजूद जो उनके हो सकते हैं। उस पर्चे में पूरा एक पैराग्राफ़ उस सर्वशक्तिमान तथा उसकी लीला एवं कार्यों की प्रशंसा से भरा पड़ा था। यह सब रहस्यवाद है। मैं जो कहना चाहता था वह यह है कि ईश्वर के प्रति अविश्वास का भाव क्रान्तिकारी दल में भी प्रस्फुटित नहीं हुआ था। काकोरी के प्रसिद्ध सभी चार शहीदों ने अपने अन्तिम दिन भजन–प्रार्थना में गुज़ारे थे। रामप्रसाद बिस्मिल एक

रूढ़िवादी आर्यसमाजी थे। समाजवाद तथा साम्यवाद में अपने वृहद् अध्ययन के बावजूद, राजेन्द्र लाहिड़ी उपनिषद् एवं गीता के श्लोकों के उच्चारण की अपनी अभिलाषा को दबा न सके। मैंने उन सबमें सिर्फ़ एक ही व्यक्ति को देखा जो कभी प्रार्थना नहीं करता था और कहता था, "दर्शनशास्त्र मनुष्य की दुर्बलता अथवा ज्ञान के सीमित होने के कारण उत्पन्न होता है।" वह भी आजीवन निर्वासन की सज़ा भोग रहा है। परन्तु उसने भी ईश्वर के अस्तित्व को नकारने की कभी हिम्मत नहीं की।

इस समय तक मैं केवल एक रोमांटिक आदर्शवादी क्रान्तिकारी था। अब तक हम दूसरों का अनुसरण करते थे, अब अपने कन्धों पर ज़िम्मेदारी उठाने का समय आया था। कुछ समय तक तो, अवश्यम्भावी प्रक्रिया के फलस्वरूप पार्टी का अस्तित्व ही असम्भव–सा दिखा। उत्साही कामरेडों, नहीं, नेताओं ने भी हमारा उपहास करना शुरू कर दिया। कुछ समय तक तो मुझे यह डर लगा कि एक दिन मैं भी कहीं अपने कार्यक्रम की व्यर्थता के बारे में आश्वस्त न हो जाऊँ। वह मेरे क्रान्तिकारी जीवन का एक निर्णायक बिन्दु था। अध्ययन की पुकार मेरे मन के गलियारों में गूँज रही थी–विरोधियों द्वारा रखे गये तर्कों का सामना करने योग्य बनने के लिए अध्ययन करो। अपने मत के समर्थन में तर्क देने के लिए सक्षम होने के वास्ते पढ़ो। मैंने पढ़ना शुरू कर दिया। इससे मेरे पुराने विचार व विश्वास अद्भुत रूप से परिष्कृत हुए। हिंसात्मक तरीक़ों को अपनाने का रोमांच, जोकि हमारे पुराने साथियों में अत्यधिक व्याप्त था, की जगह गम्भीर विचारों ने ले ली। अब रहस्यवाद और अन्धविश्वास के लिए कोई स्थान नहीं रहा। यथार्थवाद हमारा आधार बना। हिंसा तभी न्यायोचित है जब किसी विकट आवश्यकता में उसका सहारा लिया जाये। अहिंसा सभी जन आन्दोलनों का अनिवार्य सिद्धान्त होना चाहिए। यह तो रही तरीक़ों की बात। सबसे आवश्यक बात उस आदर्श की स्पष्ट धारणा है जिसके लिए हमें लड़ना है। चूँकि उस समय कोई विशेष क्रान्तिकारी कार्य नहीं हो रहा था अतः मुझे विश्व क्रान्ति के अनेक आदर्शों के बारे में पढ़ने का ख़ूब मौक़ा मिला। मैंने अराजकतावादी नेता बकुनिन को पढ़ा, कुछ साम्यवाद के पिता मार्क्स को, किन्तु ज़्यादातर लेनिन, त्रात्स्की व अन्य लोगों को पढ़ा, जो अपने देश में सफलतापूर्वक क्रान्ति लाये थे। वे सभी नास्तिक थे। बकुनिन की पुस्तक 'ईश्वर और राज्य' इस विषय पर, यद्यपि आंशिक रूप में, एक अच्छा अध्ययन है। बाद में मुझे निरलम्ब स्वामी द्वारा लिखी

एक पुस्तक 'सहज ज्ञान' मिली। इसमें केवल एक रहस्यवादी नास्तिकता थी। इस विषय के प्रति मेरा गहरा रुझान हो गया। 1926 के अन्त तक मुझे इस बात का विश्वास हो गया कि सर्वशक्तिमान परम आत्मा की बात–जिसने ब्रह्माण्ड का सृजन किया, दिग्दर्शन और संचालन किया–एक कोरी बकवास है। मैंने अपने इस अविश्वास को प्रदर्शित किया। मैंने इस विषय पर अपने दोस्तों से बहस की। मैं एक घोषित नास्तिक हो चुका था।

पर इसके ठीक उलट महात्मा गाँधी का ईश्वर पर अटूट विश्वास था। वे कहते हैं ऐसा हो सकता है कि एक दिन इस दुनिया का एक–एक व्यक्ति यह कहने लगे कि ईश्वर नहीं है तब भी मैं कहता रहूँगा तू है और तू है। जैसे एक छोटा शिशु अपनी माँ में चिपका रहता है मैं भी ईश्वर में चिपका रहूँगा।

इतना ही नहीं, उन्होंने तो यहाँ तक कहा है कि यह सम्भव है कि मैं कुछ देर बिना साँस लिए जीवित रह सकता हूँ पर प्रार्थना किये बिना नहीं जी सकता...।

ईश्वर में इतनी अटूट आस्था कि अपने जवान पोते रसिक की मृत्यु के बाद दुखी भी नहीं होते कि रसिक की मृत्यु उनके स्वामी की इच्छा से हुई है और स्वामी की इच्छा से हुए कार्य से यदि वे दुखी होते हैं तो उनके दासत्व में कमी आ जायेगी...।

पूरी दुनिया महात्मा गाँधी को एक राजनेता से अधिक एक सन्त, एक महामानव मानती थी। इससे जब कोई भी उनकी नीतियों का रत्ती भर भी विरोध करता था लोगों के मुख से यह निकलने लगता था–वे महात्मा हैं वे महामानव हैं उनका विरोध लाजिमी नहीं...।

भगत सिंह मानते थे वे महात्मा हैं, बहुत ऊँचे उठे हुए हैं पर प्रत्येक व्यक्ति को अपने तर्क को रखने का अधिकार है। उन्होंने 'मैं नास्तिक क्यों हूँ' के लेख में ही इस बात को भी लिखा है।

तुम जाओ और किसी प्रचलित धर्म का विरोध करो; जाओ और किसी हीरो की, महान व्यक्ति की–जिसके बारे में सामान्यतः यह विश्वास किया जाता है कि वह आलोचना से परे है, क्योंकि वह गलती कर ही नहीं सकता, आलोचना करो, तो तुम्हारे तर्क की शक्ति हज़ारों लोगों को तुम पर वृथाभिमानी होने का आक्षेप लगाने को मजबूर कर देगी। ऐसा मानसिक जड़ता के कारण होता है। आलोचना तथा स्वतन्त्र विचार, दोनों ही एक क्रान्तिकारी के अनिवार्य गुण हैं। क्योंकि महात्मा जी महान हैं,

अतः किसी को उनकी आलोचना नहीं करनी चाहिए। चूँकि वह ऊपर उठ गये हैं, अतः हर बात, जो वे कहते हैं–चाहे वह राजनीति के क्षेत्र की हो अथवा धर्म, अर्थशास्त्र अथवा नीतिशास्त्र की–सब सही है। आप चाहे आश्वस्त हों अथवा नहीं, आपको कहना चाहिए, 'हाँ, यही सच है।' ऐसी मानसिकता विकास की ओर नहीं ले जा सकती। यह तो स्पष्ट रूप से प्रतिक्रियावादी है।

भगत सिंह ने आगे लिखा–हमारे पूर्वजों ने किसी परम आत्मा (सर्वशक्तिमान ईश्वर) के प्रति विश्वास बना लिया था, अतः किसी भी ऐसे व्यक्ति को, जो उस विश्वास की सत्यता या उस परम आत्मा के अस्तित्व ही को चुनौती दे, विधर्मी, विश्वासघाती कहा जायेगा। यदि उसके तर्क इतने अकाट्य हैं कि उनका खण्डन वितर्क द्वारा नहीं हो सकता और उसकी आस्था इतनी प्रबल है कि उसे ईश्वर के प्रकोप से होने वाली विपत्तियों का भय दिखाकर दबाया नहीं जा सकता, तो उसकी यह कहकर निन्दा की जायेगी कि वह वृथाभिमानी है, उसकी प्रकृति पर अहंकार हावी है। तो इस व्यर्थ विवाद पर समय नष्ट करने का क्या लाभ? फिर इन सारी बातों पर बहस करने की कोशिश क्यों? यह लम्बी बहस इसलिए, क्योंकि जनता के सामने यह प्रश्न आज पहली बार आया है और आज ही पहली बार इस पर वस्तुगत रूप से चर्चा हो रही है।

जहाँ तक पहले प्रश्न की बात है, मैं समझता हूँ कि मैंने यह साफ़ कर दिया है कि यह मेरा अहंकार नहीं था, जो मुझे नास्तिकता की ओर ले गया। मेरे तर्क का तरीक़ा सन्तोषप्रद सिद्ध होता है या नहीं, इसका निर्णय मेरे पाठकों को करना है, मुझे नहीं। मैं जानता हूँ कि वर्तमान परिस्थितियों में ईश्वर पर विश्वास ने मेरा जीवन आसान और मेरा बोझ हल्का कर दिया होता और मेरे उस अविश्वास ने सारे वातावरण को अत्यन्त शुष्क बना दिया है और परिस्थितियाँ एक कठोर रूप ले सकती हैं। थोड़ा–सा रहस्यवाद इसे कवित्वमय बना सकता है। किन्तु मेरे भाग्य को किसी उन्माद का सहारा नहीं चाहिए। मैं यथार्थवादी हूँ। मैं अपनी अन्तःप्रकृति पर विवेक की सहायता से विजय चाहता हूँ। इस ध्येय में मैं सदैव सफल नहीं हुआ हूँ। प्रयत्न तथा प्रयास करना मनुष्य का कर्तव्य है, सफलता तो संयोग तथा वातावरण पर निर्भर है।

युवा भगत सिंह जोश में भरकर आस्तिकों से पूछते हैं–

यदि, जैसा कि आपका विश्वास है, एक सर्वशक्तिमान, सर्वव्यापक एवं सर्वज्ञानी ईश्वर है, जिसने कि पृथ्वी या विश्व की रचना की, तो कृपा करके मुझे यह बताएँ कि उसने यह रचना क्यों की? कष्टों और आफतों से भरी यह दुनिया, असंख्य दुःखों के शाश्वत और अनन्त गठबन्धनों से ग्रसित! एक भी प्राणी पूरी तरह सुखी नहीं!

जहाँ भगत सिंह ईश्वर के अस्तित्व पर ही प्रश्नचिह्न लगाते हैं वहीं महात्मा गाँधी का मानना है इस दुनिया में ईश्वर के सिवा कुछ सत्य ही नहीं है और यहाँ तक कि सत्य को ही उन्होंने ईश्वर माना है।

महात्मा गाँधी का मानना है कि ईश्वर की गति न्यारी और बुद्धि से परे है। हमें यह मानकर चलना चाहिए कि मनुष्य की कोई बिसात नहीं। परमात्मा की मर्ज़ी ही सब कुछ है।

भगत सिंह कहते हैं मैं नास्तिक हूँ ईश्वर को नहीं मानता परन्तु गाँधी जी को उनकी नास्तिकता में भी ईश्वर दिखते हैं तभी तो वे कहते हैं—मेरा ईश्वर तो सत्य और प्रेम है। नीति और सदाचार ईश्वर है। निर्भयता ईश्वर है। ईश्वर जीवन और प्रकाश का मूल है। फिर भी वह इन सबसे परे है। ईश्वर अन्तरात्मा ही है। वह तो नास्तिकों की नास्तिकता भी है क्योंकि वह अपने असीमित प्रेम से उन्हें भी ज़िन्दा रहने देता है। हम स्वयं जितना अपने को जानते हैं, उससे कहीं अधिक वह हमें और हमारे दिलों को जानता है। जैसा हम कहते हैं, वैसा ही वह हमें नहीं मानता, क्योंकि वह जानता है कि जो हम अक्सर ज़बान से कहते हैं, वही हमारा भाव नहीं होता और कुछ लोग ऐसा जानबूझकर करते हैं तो कुछ अनजाने में। ईश्वर उन लोगों के लिए एक व्यक्ति ही हैं जो उसे व्यक्ति के रूप में हाज़िर देखना चाहते हैं, जो उसका स्पर्श करना चाहते हैं, उनके लिए वह साकार हैं। वह पवित्र से पवित्र तत्त्व हैं। जिन्हें उसमें श्रद्धा, उन्हीं के लिए उसका अस्तित्व है।

जहाँ भगत सिंह चुनौती देते हैं कोई मुझे ईश्वर का अस्तित्व सिद्ध करके दिखाये वहीं महात्मा गाँधी कहते हैं ईश्वर का अस्तित्व सिद्ध नहीं किया जा सकता और न उसे सिद्ध करने की ज़रूरत है, ईश्वर तो है ही। अगर हम उसका अनुभव नहीं करते तो इसमें हमारा ही अकल्याण है। उसे अनुभव करने की शक्ति का अभाव एक रोग है और वह किसी न किसी दिन दूर हो जायेगा—फिर हम उसे दूर करना चाहें या नहीं।

महात्मा गाँधी का कहना है कि मैं ईश्वर को नहीं मानता, ऐसा कहना बड़ा आसान है क्योंकि ईश्वर के बारे में चाहे जो कुछ कहा जाये उसको ईश्वर बिना सज़ा दिये, कहने की छूट देता है। वह हमारी कृतियों को देखता है। ईश्वर के बनाये हुए किसी भी क़ानून के ख़िलाफ़ काम करने से काम करने वाले को सज़ा ज़रूर मिलती है लेकिन वह सज़ा, सज़ा के लिए नहीं बल्कि उसे शुद्ध करने वाली और सन्मार्ग पर चलने के लिए बाध्य करने वाली होती है।

महात्मा गाँधी ने पुनः यह भी कहा है कि—एक सीमा तक ईश्वर के अस्तित्व को सिद्ध करना सम्भव है। संसार के सामान्य कार्यों में भी लोगों को यह जानकारी तो नहीं रहती है कि यह सब कुछ किसके चलाये चल रहा है और वह क्यों और किस ढंग से संसार का नियमन करता है? परन्तु इतना वे निश्चित तौर पर समझते है कि कोई शक्ति है जो अवश्य ही संसार का संचालन कर रही है। पिछले वर्ष मैसूर दौरे में मैंने अनेक निर्धन ग्रामीणों से बातचीत के दौरान पाया कि उनको यह भी मालूम नहीं था कि मैसूर का राजा कौन है। उन्होंने उत्तर दिया कि कोई देवता शासन करता है। यदि वे ग़रीब लोग अपने शासक के बारे में इतना कम जानते हैं तो फिर मेरी क्या बिसात? अपने शासक की तुलना में वे जितने छोटे हैं, मैं तो ईश्वर की तुलना में न जाने कितना छोटा हूँ। इसलिए यदि मैं ईश्वर के अस्तित्व को, सम्राटों के सम्राट के अस्तित्व को महसूस न कर पाऊँ तो इसमें आश्चर्य की क्या बात? फिर भी मैं इतना महसूस करता हूँ जैसा कि वे ग्रामीण मैसूर के बारे में महसूस करते थे—कि ब्रह्माण्ड में एक व्यवस्था है, एक अटल नियम, जो विश्व की प्रत्येक वस्तु और प्रत्येक प्राणी का नियमन कर रहा है। वह नियम अन्धा नहीं है, क्योंकि कोई भी अन्धा या विवेकशून्य तत्त्व जीवधारी प्राणियों के आचरण का नियमन नहीं कर सकता। विश्व के समस्त जीवन का नियमन करने वाला नियम ही ईश्वर है। नियम और नियामक एक ही हैं। चूँकि मैं उस नियम और नियामक ईश्वर के बारे में इतना कम जानता हूँ, इसीलिए मुझे उसके अस्तित्व को मानने से इनकार नहीं करना चाहिए। जिस प्रकार किसी भौतिक शक्ति को मानने से इनकार करने वाला उसके प्रभाव से मुक्त नहीं हो जाता, उसी प्रकार ईश्वर या उसके नियमन को स्वीकार न करने से तो मैं उसके प्रभाव से अछूता नहीं रह पाऊँगा। दूसरी ओर नतशिर होकर मूकभाव से ईश्वरीय शक्ति को स्वीकार कर लेने से जीवनयात्रा उसी प्रकार सुगम,

सरल हो जाती है, जिस प्रकार कोई व्यक्ति यदि उस सांसारिक सत्ता को, जिसके अधीन वह रहता है, स्वीकार कर ले तो उसकी ज़िन्दगी आसान हो जाती है।

भगत सिंह का यह प्रश्न कि यदि ईश्वर है तो फिर दुनिया में इतनी बुराई क्यों है...? गाँधी इस प्रश्न का जवाब देते हुए कहते हैं–

ईश्वर को सिर्फ़ तर्क से साबित करने की शक्ति मुझमें नहीं है। आस्था तर्क से ऊपर की चीज़ है। बुराई के अस्तित्व का मैं अन्य कोई युक्तिसंगत कारण नहीं सोच पाता। ऐसा करने की इच्छा करना अपने आपको ईश्वर का समकक्षी मान लेना है। इसलिए मैं पूरी विनम्रता के साथ बुराई को बुराई के रूप में स्वीकार करके ही सन्तुष्ट हूँ। मैं ईश्वर को अत्यन्त सहिष्णु और धैर्यशील भी इसीलिए कहता हूँ कि वह बुराई को संसार में रहने देता है। मैं जानता हूँ कि ईश्वर में बुराई का तत्त्व एकदम नहीं है। वह सर्वथा शुद्ध है। और इसके बावजूद यदि बुराई है, तो वह उससे अछूता है।

यदि मैं अपने प्राणों की बाजी लगाकर बुराई के विरुद्ध संघर्ष नहीं करूँगा, तो मैं ईश्वर को कभी भी नहीं जान पाऊँगा। मेरी अपनी प्रतीति और सीमित अनुभव मेरे इस विश्वास को पुष्ट बनाते हैं। मैं शुद्ध पवित्र बनने का जितना अधिक प्रयत्न करता हूँ, अपने आपको ईश्वर के उतना ही निकट महसूस करता हूँ। आज तो मुझमें नाम मात्र की श्रद्धा है, फिर भी मैं अपने आपको उसके कुछ निकट महसूस करता हूँ। पर जब मेरी श्रद्धा हिमालय जैसी अटल और उसकी चोटियों के हिम जैसी धवल और उज्ज्वल बन जायेगी, तब मैं कितनी अधिक निकटता उससे महसूस करने लगूँगा?

एक यह भी बुनियादी फ़र्क़ था इन दोनों महापुरूषों में...। पर अस्पृश्यता के मामले में महात्मा गाँधी और भगत सिंह की एक ही विचारधारा थी। महात्मा गाँधी ने भारत से अस्पृश्यता रूपी कलंक को हटाने के लिए अपने जान की बाजी लगा दी थी जिससे पूरा हिन्दुस्तान हिल गया था। महात्मा गाँधी ने अस्पृश्यता के बारे में अपने विचार व्यक्त करते हुए लिखा है कि–

यदि आप कहें कि मैं स्पर्श व्रत में शामिल इससे नहीं होना चाहता, कि मैं इस पाप का भागी नहीं बनना चाहता, कि इससे मेरे माता–पिता देह छोड़ देंगे तो मेरा कहना है कि प्रहलाद ने कभी यह नहीं सोचा कि

अगर विष्णु का नाम लूँगा तो मेरे पिता क्या करेंगे। मेरे ख़्याल से इस कारण से वे प्राण छोड़ दें तो कोई विपत्ति की बात नहीं है।

शायद ऐसा भी हो कि किसी दिन मैं पागल हो जाऊँ और कहने लगूँ कि मैंने अस्पृश्यता सम्बन्धी विचारों में भूल की। अस्पृश्यता को हिन्दू धर्म का पाप कहकर मैंने पाप किया है तो आप मानेंगे कि मैं डर गया हूँ, सामना नहीं कर पाया और हार कर अपना विचार बदल रहा हूँ। उस दशा में मानना कि मैं बेहोशी में बक रहा हूँ।

यदि अस्पृश्यता सम्बन्धी मेरे विचार कालान्तर में बदले ऐसा समय आने के पहले ही मैं हिन्दू धर्म ही नहीं संसार के धर्म मात्र का त्याग कर सकूँगा। किन्तु मेरी यह दृढ़ धारणा है कि हिन्दू धर्म का पूर्वोक्त कलंक से मुक्त करने में यदि शरीर भी देना पड़े तो यह कोई बड़ी बात नहीं। जिस धर्म में नरसी मेहता जैसे समदर्शी भगवद्भक्त हो उसमें अस्पृश्यता की भावना का रह सकना कदापि सम्भव नहीं है।

हिन्दू अन्त्यजों की सेवा करते हैं तो इसमें वे उन पर कोई उपकार नहीं करते, बल्कि अपने ऊपर ही उपकार करते हैं। अपने अन्त्यज कहे जाने वाले भाइयों को अन्त्यज बनाने के लिए हिन्दू ही उत्तरदायी हैं। ऐसा करके उन्होंने जो पाप किया है, उसका मार्जन और प्रायश्चित् वे जितना करें, कम हैं।

मैं अन्त्यज भाइयों से यही कहूँगा कि हिन्दू धर्म का यह कथन कि स्वयं मरे बिना कोई स्वर्ग नहीं पहुँच सकता, बिल्कुल सही है। अपनी उन्नति तुम्हें स्वयं करनी है। तुम यह मानकर मत बैठ जाना कि तुम्हारे भले के लिए जो कुछ ज़रूरी है, सब हिन्दू समाज करेगा। वे तो तुम्हारी सेवा करके अपना ही भला कर रहे हैं। तुम्हें अपनी ताक़त दिखानी है तो जागो और तुम पर जो दोष लगाकर त्याग किया है, उसे दूर करो।

अस्पृश्यों की सेवा अश्वा उनके साथ न्याय करने का क्या अर्थ है? इसका केवल यही अर्थ है कि सदियों से चढ़े ऋण से मुक्त हो जाना, तथा युगों से हम जिस पाप के भागी बने रहे हैं, उसका कुछ प्रायश्चित् करना। अर्थात् अपने ही भाई–बहनों का दमन तथा उनके अपमान करने के पाप का प्रायश्चित् करना।

अस्पृश्यता के पाप को धोने के लिए कितनी भी भयंकर यातना सही जाये, वह ज़्यादा नहीं कही जा सकती। अस्पृश्यों के प्रति अपने व्यवहार के लिए क्या हमें ईश्वर की ओर से भंयकर सज़ा नहीं मिलनी चाहिए?

हिन्दू धर्म में अस्पृश्यता आज जिस रूप में प्रचलित है, वह मेरी राय में ईश्वर और मनुष्य के प्रति पाप है और इसलिए वह ज़हर की तरह धीरे–धीरे हिन्दू धर्म को ही खोखला किये जा रहा है।

यदि मुझे पता चले कि हिन्दू शास्त्र सचमुच अस्पृश्यता के वर्तमान रूप का समर्थन करते हैं तो मैं हिन्दू धर्म को छोड़ देता किन्तु मैंने पाया है, ऐसा नहीं है।

इस बात का प्रचार किया जा रहा है कि अस्पृश्यता निर्मूल नहीं हो सकती। जिस प्रकार मनुष्य आँखों से देख सकता है, उसी प्रकार मैं प्रत्यक्ष देख रहा हूँ कि अस्पृश्यता नष्ट होने को है। कालचक्र की गति को कोई भी मनुष्य आज तक रोकने में समर्थ नहीं हुआ है, अगर हम अपनी इच्छा से उन्हें अपना लेंगे और जितने अधिकार हमारे हैं सब उन्हें दे देंगे तो ईश्वर के दरबार में, ईश्वर के खाते में हमारा यह पुण्य–कार्य माना जायेगा।

मैं सच कहता हूँ, इस विषय पर मैं जितना अधिक सोचता हूँ, उतना ही अधिक मुझे यह प्रतीत होता जाता है कि कोई आदमी अपने को किसी से उच्चतर माने, इससे बड़ा पाप कुछ नहीं हो सकता। मुझे संसार के जितने भी नेक और ज्ञानी लोगों के बारे में जानकारी है–उन सबने यही कहा है कि मैं तो तुच्छातितुच्छ हूँ। किसी भी मनुष्य को अस्पृश्य मानना भयंकर पाप है। मनुष्य का अहंकार ही उससे ऐसा कहता है कि वह अन्य लोगों से श्रेष्ठ है।

अस्पृश्यता का अन्त नहीं हुआ तो एक दिन हिन्दू धर्म और हिन्दू जाति का नाम भर शेष रह जायेगा। यह अधर्म, यह कलंक, यह ज़हर इतना जबर्दस्त है और इतने समय से चला आ रहा है कि हम इसका ज़हरीला असर देख भी नहीं पाते और वह हमें खाये जा रहा है।

अस्पृश्यता के मामले में जो कुछ हो रहा है, वह आख़िर इतिहास की पुनरावृत्ति है। कोई भी सुधार जिसे सुधार कहा जा सके अभी तक ऐसा नहीं हुआ है कि जिसमें सुधारक को अपने ध्येय के लिए प्राणों की बाजी न लगानी पड़ी। अस्पृश्यता का दानव यदि एक व्यक्ति की बलि लेता है तो यह समझना चाहिए कि वह आसानी से सन्तुष्ट हो गया। युगों से चली आती एक बुराई जिसे एक गुण कहकर रखा गया है, पर्याप्त बलिदान के बिना नहीं हटाई जा सकती। मेरा ईश्वर की सर्वशक्तिमान सत्ता में विश्वास है। जब तक इस ध्येय के लिए मुझे इस शरीर में रखना चाहता है तब तक सभी तरह की क्षति से मेरी रक्षा करेगा और जब उसके लिए

उसका कोई उपयोग नहीं रहेगा तो पार्थिव शक्ति की कैसी भी सुरक्षा का कोई लाभ नहीं हो सकेगा।

अगर मुझे यह विश्वास न होता कि प्रभु की लीला को कोई नहीं जानता तो मुझ जैसा संवेदनशील आदमी अस्पृश्यता देखकर बिल्कुल पागल हो जाता।

अस्पृश्यता हिन्दू धर्म के उपवन में उग आये अवांछनीय घास–पात की तरह थी और इस तरह फैलती जा रही थी कि उससे इस उपवन के सुन्दरतम पुष्पों के कुम्हला जाने का ख़तरा पैदा हो गया था।

भगत सिंह ने भी अपने इन्क़लाबी लहजे में अस्पृश्यता के ख़िलाफ़ बिगुल फूँकते हुए कहा–

"हमारे देश जैसे बुरे हालात किसी दूसरे देश के नहीं हुए। यहाँ अजब–अजब सवाल उठते रहते हैं। एक अहम सवाल अछूत समस्या है। समस्या यह है कि 30 करोड़ की जनसंख्या वाले देश में जो 6 करोड़ लोग 'अछूत' कहलाते हैं, उनके स्पर्श मात्र से धर्म भ्रष्ट हो जायेगा। उनके मन्दिरों में प्रवेश से देवगण नाराज हो उठेंगे। कुएँ से उनके द्वारा पानी निकालने से कुआँ अपवित्र हो जायेगा। ये सवाल बीसवीं सदी में किये जा रहे हैं, जिन्हें कि सुनते ही शर्म आती है।

हमारा देश बहुत अध्यात्मवादी है, लेकिन हम मनुष्य को मनुष्य का दर्जा देते हुए भी झिझकते हैं, जबकि पूर्णतया भौतिकवादी कहलाने वाला यूरोप कई सदियों से इन्क़लाब की आवाज़ उठा रहा है। उन्होंने अमेरिका और फ्रांस की क्रान्तियों के दौरान ही समानता की घोषणा कर दी थी। आज रूस ने भी हर प्रकार का भेदभाव मिटाकर क्रान्ति के लिए कमर कसी हुई है। हम सदा ही आत्मा–परमात्मा के वजूद को लेकर चिन्तित होने तथा इस ज़ोरदार बहस में उलझे हुए हैं कि क्या अछूत को जनेऊ दे दिया जायेगा? वे वेद–शास्त्र पढ़ने के अधिकारी हैं अथवा नहीं? हम उलाहना देते हैं कि हमारे साथ विदेशों में अच्छा सलूक नहीं होता। अंग्रेज़ी शासन हमें अंग्रेज़ों के समान नहीं समझता लेकिन क्या हमें यह शिकायत करने का अधिकार है?

इन तबकों को अपने समक्ष रखते हुए हमें चाहिए कि हम न इन्हें अछूत कहें और न समझें। बस, समस्या हल हो जाती है। नौजवान कांग्रेस ने जो ढंग अपनाया है, वह काफ़ी अच्छा है। जिन्हें आज तक अछूत कहा जाता रहा उनसे अपने इन पापों के लिए क्षमायाचना करनी चाहिए तथा

अपने जैसा इन्सान समझना, बिना अमृत छकाये, बिना कलमा पढ़ाये या शुद्धि किये उन्हें अपने में शामिल करके उनके हाथ से पानी पीना, यही उचित ढंग है। और आपस में खींचतान करना और व्यवहार में कोई भी हक़ न देना, कोई ठीक बात नहीं है।

जब गाँवों में मज़दूर–प्रचार शुरू हुआ उस समय किसानों को सरकारी आदमी यह बात समझाकर भड़काते थे कि देखो, यह भंगी–चमारों को सिर पर चढ़ा रहे हैं और तुम्हारा काम बन्द करवाएँगे। बस, किसान इतने में ही भड़क गये। उन्हें याद रहना चाहिए कि उनकी हालत तब तक नहीं सुधर सकती जब तक कि वे इन ग़रीबों को नीच और कमीना कहकर अपनी जूती के नीचे दबाए रखना चाहते हैं। अकसर कहा जाता है कि वह साफ़ नहीं रहते। इसका उत्तर साफ़ है–वे ग़रीब हैं। ग़रीबी का इलाज करो। ऊँचे–ऊँचे कुलों के ग़रीब लोग भी कोई कम गन्दे नहीं रहते। गन्दे काम करने का बहाना भी नहीं चल सकता, क्योंकि माताएँ बच्चों का मैला साफ़ करने से मेहतर तथा अछूत तो नहीं हो जातीं।

लेकिन यह काम उतने समय तक नहीं हो सकता जितने समय तक कि अछूत कौमें अपने आपको संगठित न कर लें। हम तो समझते हैं कि उनका स्वयं को अलग संगठनबद्ध करना या मुस्लिमों के बराबर गिनती में होने के कारण उनके बराबर अधिकारों की माँग करना बहुत आशाजनक संकेत है। या तो साम्प्रदायिक भेद का झंझट ही ख़त्म करो, नहीं तो उनके अलग अधिकार उन्हें दे दो। कौंसिलों और असेम्बलियों का कर्तव्य है कि वे स्कूल–कॉलेज, कुएँ तथा सड़क के उपयोग की पूरी स्वतन्त्रता उन्हें दिलाएँ। ज़बानी तौर पर ही नहीं, वरन् साथ ले जाकर उन्हें कुओं पर चढ़ाएँ। उनके बच्चों को स्कूलों में प्रवेश दिलाएँ। लेकिन जिस लेजिस्लेटिव में बालविवाह के विरुद्ध पेश किये बिल तथा मज़हब के बहाने हाय–तौबा मचाई जाती है, वहाँ वे अछूतों को अपने साथ शामिल करने का साहस कैसे कर सकते हैं?''

लाख फ़र्क़ होने के बाद भी एक चीज़ दोनों में समान रूप से प्रज्ज़्वलित थी और वह था। भारत माँ से प्रेम...। यह अलग बात है कि एक को अहिंसा की लम्बी पारी खेलकर भारत माता को स्वतन्त्र करने का अवसर मिला और एक को हिंसा की पारी ने बहुत छोटी–सी अवधि प्रदान की ज़िन्दगी की...। क्रान्तिकारियों की ज़िन्दगी प्रायः छोटी रहती ही है। इनके पहले भी काकोरी काण्ड के आरोपी रामप्रसाद बिस्मिल,

आसफ़उल्ला खान आदि भी फाँसी के फन्दे पर झूल कर शहीदों की श्रेणी में आ चुके थे।

वैसे सच्चाई तो यही है कि सरदार भगत सिंह आतंकवादी आन्दोलन के पक्षधर कभी नहीं रहे...। आतंकवादी आन्दोलन कभी भी उनकी पहली पसन्द नहीं था। उनकी पहली पसन्द थी सशस्त्र सैनिक क्रान्ति। वे चाहते थे पहले अपने देशवासियों को हथियारों से लैस किया जाये और इन्हें प्रशिक्षण दिया जाये फिर अंग्रेज़ों से लोहा लिया जाये...पर इतनी बातों को पूरा करने के लिए धैर्य की ज़रूरत थी, धन की ज़रूरत थी और इनके पास इन दोनों का अभाव था...वक़्त नहीं था इसी से बम काण्ड किया था लाहौर में, साण्डर्स की हत्या की कि इससे कम से कम एक जागृति तो आयेगी। बाद में सुभाषचन्द्र बोस ने इसी विचारधारा के तहत सैनिक क्रान्ति के सहारे अंग्रेज़ी हुकूमत से लड़ाई लड़ी।

जेल की दीवारों के भीतर भगत सिंह ने ढेर सारी पुस्तकों को पढ़ा, चिन्तन किया जिससे उनके विचारों में और भी परिपक्वता आयी। विपन चन्द्रा ने अपनी किताब इंडियन स्ट्रगल फॉर इंडिपेंडेंस' में लिखा है कि भगत सिंह ने अपनी फाँसी के लगभग डेढ़ महीने पहले 2 फ़रवरी, 1931 को लिखा कि 'मैंने एक आतंकवादी की तरह कार्य किया है। परन्तु मैं एक आतंकवादी नहीं हूँ...न कभी आतंकवादी था...कभी नहीं था। हाँ, प्रारम्भिक ज़िन्दगी में प्रतिक्रियावादी रहा हूँ। पर अब मैं समझ गया हूँ कि इस रास्ते पर चल कर हम कुछ भी हासिल नहीं कर सकते।'

सरदार भगत सिंह की इस स्वीकारोक्ति से यह बात तो समझ में आती है कि भगत सिंह हमेशा एक ही तरह के चिन्तन और विचारधारा में लिप्त नहीं रहे। सच कहा जाये तो कुछ वर्षों में उन्होंने कई दशकों का अनुभव समेट लिया, इस अनुभव की पृष्ठभूमि विश्व साहित्य के अध्ययन, तात्कालिक परिस्थितियों और भारत की बदतर अवस्था द्वारा निर्मित की गयी थी।

पहले भगत सिंह की सोच थी–तेज़ी, बहुत तेज़ी...। वे कांग्रेस को मानते थे धीमी गति से आगे बढ़नेवाली संस्था–जो धैर्य और बौद्धिकता के सहारे धीरे–धीरे बढ़ती है। पर भगत सिंह की सोच उस वक़्त ठहर जाती थी कि कहाँ से आयेंगे इतने सशस्त्र सैनिक, हज़ारों कार्यकर्त्ता जो अपना जीवन बलिदान देने को तैयार हों, फिर उनकी नियुक्ति का आधार क्या होगा...? कुछ ठोस नतीजा नहीं मिलने के बाद भी उन्होंने इस तरह के हिंसक काम को अंजाम दिया।

पर 2 फ़रवरी, 1931 को इनके इन वाक्यों की स्वीकारोक्ति से लगता है कि भगत सिंह ने इस बात पर गहन चिन्तन किया था और इसके बाद इस निष्कर्ष पर पहुँचे थे कि... 'इस रास्ते पर चलकर हम कुछ भी हासिल नहीं कर सकते।'

सरदार भगत सिंह ने इस बात को महसूस किया... परन्तु अपने आपको उनके अनुयायी बताने वाले आज भी भगत सिंह की लड़ाई अंग्रेज़ी साम्राज्यवाद से नहीं रखकर महात्मा गाँधी से रखे हुए हैं। आख़िर कौन हैं जो इस विचारधारा को न सिर्फ़ प्रसारित कर रहे हैं बल्कि उसे पालित और पोषित भी कर रहे हैं और चाहते हैं यह एक नासूर बनकर भारत में द्वेष का वातावरण बनाये रखे।

यह विचारधारा है भारत की कट्टर सोच की विचारधारा–जिस कट्टर सोच की विचारधारा को अंग्रेज़ी हुकूमत ने कठपुतलियों की तरह नचाया था। अंग्रेज़ी हुकूमत समय–समय पर दोनों सम्प्रदायों की कट्टरता को थपथपा कर अपनी ठकुरसुहाती करवाती थी और आज भी उसके लगाए विषवृक्ष को उसी सोच की विचारधारा पोषित कर रही है।

भगत सिंह को फाँसी लगने के बाद, हिंसा के पक्ष में दलील देते हुए विप्लवकारी चावड़ा ने महात्मा गाँधी पर शब्दों के प्रहार करते हुए हमला बोल दिया। उन्हीं के शब्दों में–आपकी अहिंसा तो कायरता का पोषक है। इतने सारे लोग अहिंसा को स्वीकार करते हैं, यही दिखाता है कि उसमें कितना कम त्याग करना पड़ता है। भागते–भागते दो–चार लाठी खायीं, साल–दो–साल के लिए जेल जा आये कि बस हो गये अहिंसक। अहिंसा बहुत ज़्यादा क़ीमत माँगती नहीं, जब कि हिंसा का मार्ग तो आपका प्राण माँगता है। हिंसा की क़ीमत है मृत्यु। इसीलिए इस रास्ते बहुत कम लोग आते हैं।

चावड़ा के ही शब्दों में–अपने क़ातिलाना प्रहार से बापू को आघात देने की मेरी मंशा थी लेकिन इस तरह तो दूसरे घायल हो सकते थे, बापू नहीं। उन्होंने हँसकर वत्सलता से मेरे कन्धों पर हाथ रखा, मुझे निकट खींच लिया। ऐसे कठोर निर्भय वचन मैंने बोल तो दिये, पीछे मैं ख़ुद ही आघात खाकर दिग्मूढ़ हो गया। चक्कर आने लगा। मेरी आँखों से आँसू झरने लगे। क्या बोल दिया मैंने इस महामानव को? मेरी आँखों से झाँकती विवशता को बापू ने देख लिया। अपने वात्सल्य से मुझे नहला दिया। मेरे क्षमा माँगते ही बोले–देखो क्षमा तो माँगे बिना ही देना चाहिए–तभी उसकी

सार्थकता है। जबकि तुम हिंसा के पक्ष में हो–तब मैं तुमसे अहिंसा की अपेक्षा कैसे कर सकता हूँ? असहिष्णुता, गर्व, द्वेष, धिक्कार–ये सब हिंसा का अभावमात्र नहीं, बल्कि अहिंसा तो सार्वभौम प्रेम का सनातन जीवन तत्त्व है। ईश्वर से प्रार्थना करना वह तुम्हें उजाला दिखाएगा।

महात्मा गाँधी अहिंसा के सच्चे पुजारी थे और अपनी अहिंसा की कसौटी को हमेशा कसते भी रहते थे। और उनकी अहिंसा की कसौटी थी हिंसक आन्दोलनकारियों का हृदय परिवर्तन करना...। हिंसक आन्दोलन कारी के बहुत छोटे सदस्यों को भी वे बड़े–बड़े नेताओं से कम नहीं अधिक ही मान देते थे।

क्रान्तिकारी किशन सिंह चावड़ा ने लिखा है–बापू ने बातचीत के अन्त में कहा–क्यों, अभी भी अहिंसा के लिए मन मानता नहीं है। है न?–एक गहरी साँस लेकर मैं चुप रहा। उन्होंने कहा–हिंसा में आपकी श्रद्धा में संशय पैदा हुआ है, यह शुभलक्षण है। इसी से समस्या पैदा हुई है और उसका हल भी आपको ही खोजना होगा...। इतने में मथुरादास भाई आकर बोले–बाहर श्रीनिवासन मिलने के लिए इन्तज़ार कर रहे हैं।

बापू ने कहा–थोड़ी देर बैठने को बोलो। यह मुलाक़ात उससे भी अधिक महत्त्व की है।

मैंने हैरान होकर पूछा–'बापू' इस नाचीज़ के लिए आप इतना क्यों करते हैं? मरने दो न उसको। बापू की आँखों में एक चमक आयी। मेरा हाथ पकड़कर बोले–तुम छोटे हो, यह ठीक है। लेकिन अगर तुम सत्य–अहिंसा के उपासक बनोगे तो कितना बड़ा काम होगा? तुम्हारा अन्तर परिवर्तन अगर होता है मुझे बहुत समाधान होगा। लेकिन वह सहज होना चाहिए। तुम्हारा हृदय परिवर्तन, यही तो मेरी अहिंसा की कसौटी है।

जीवन की शासक शक्ति हिंसा है अहिंसा नहीं–मेरी इस श्रद्धा में संशय का दीमक लग गया है, यह मैं देख रहा था। मेरे क्रान्तिकारी मित्रों को इसका अनुभव भी हो रहा था। मैंने जब उन्हें बताया कि मैं गाँधीजी से मिला तब वे चौंक गये और उन्होंने मुझे चेताया–अरे वह मनुष्य नहीं, कीमियागर है, कीमियागर। हमारे हाँ की ना और हमारे 'ना' की हाँ कहा देने का जादू उनके पास है। हम तो जिस दिशा में वे होते हैं उस दिशा में सिर रखकर सोते भी नहीं कि वे हमारे दिमाग़ से हिंसा को उड़ा न दें...।

इतने अभूतपूर्व अहिंसक महात्मा गाँधी और क्रान्तिकारी शहीदे आजम भगत सिंह के सिद्धान्तों में मतभेद होना स्वाभाविक है। वे दो समान्तर

रेखाओं की तरह थे जो आपस में नहीं मिल सकते थे... पर वे एक–दूसरे से दूर भी नहीं रह सकते थे और न थे।

महात्मा गाँधी का जीवन एक महासागर की तरह है तो दूसरी ओर भगत सिंह का संक्षिप्त जीवन एक चिंगारी की तरह है जो देश के नवयुवकों के लिए वीरता, बलिदान और देशभक्ति का प्रतीक बन गया।

महात्मा गाँधी ने भारतीय जन–जीवन ही नहीं विश्व की छोटी–बड़ी समस्याओं का निदान करते हुए दुनिया को बेहतर बनाने में अपना जीवन उत्सर्ग कर दिया।

□□

सन्दर्भ ग्रन्थ–सूची

1. सुभाष सम्पूर्ण वाङ्मय, खण्ड–2, पृ. 33
2. कुलदीप नैयर, शहीद भगत सिंह क्रान्ति में एक प्रयोग पृ. 18
3. रोम्या रोलाँ, महात्मा गाँधी पृ. 64
4. रोम्या रोलाँ, महात्मा गाँधी पृ. 66
5. कुलदीप नैयर शहीद भगत सिंह–क्रान्ति में एक प्रयोग पृ. 79
6. रोम्याँ रोलाँ, महात्मा गाँधी पृ. 89
7. सुभाष सम्पूर्ण वाङ्मय, खण्ड–2, पृ. 144
8. सुभाष सम्पूर्ण वाङ्मय, खण्ड–2, पृ. 145
9. सुभाष सम्पूर्ण वाङ्मय, पृष्ठ 146
10. सम्पूर्ण गाँधी वाङ्मय, खण्ड–45, पृ. 206
11. सम्पूर्ण गाँधी वाङ्मय, खण्ड–45, पृ. 239
12. सम्पूर्ण गाँधी वाङ्मय, खण्ड–45, पृ. 288
13. पत्र–इण्डिया ऑफिस लाइब्रेरी अंग्रेज़ी, सी. डब्ल्यू. पृ. 353, 361
14. भगत सिंह पृ. 365, 366
15. (अंग्रेज़ी से) यंग इंडिया, 2–4–1931
16. सम्पूर्ण गाँधी वाङ्मय, पृ. 368, 369, 370, 371
17. सम्पूर्ण गाँधी वाङ्मय, खण्ड 45, पृ. 45
18. सम्पूर्ण गाँधी वाङ्मय, खण्ड 45, पृ. 373
19. रोमा रोलाँ महात्मा गाँधी, पृ. 45
20. सम्पूर्ण गाँधी वाङ्मय, पृ. 382, 383
21. सम्पूर्ण गाँधी वाङ्मय, खण्ड 45, पृ. 385
22. सुभाष वाङ्मय, खण्ड–2, पृ. 45
23. सुभाष वाङ्मय, खण्ड–2, पृ. 147

24. कुलदीप नैयर शहीद भगत सिंह–क्रान्ति में एक प्रयोग, पृ. 115
25. विपन चन्द्र, पृ. 258
26. विपन चन्द्र, पृ. 358
27. विपन चन्द्र, पृ. 257
28. रहबर–भगत सिंह, पृ. 105
29. विपन चन्द्रा, पृ. 255
30. विपन चन्द्रा, पृ. 256
31. अंग्रेज़ी (सी. डब्ल्यू. 9343) की फ़ोटो–नकल से।
    14 सौजन्य : इण्डिया ऑफिस लाइब्रेरी
32. लुई फिशर–गाँधी की कहानी
33. भगत सिंह–मैं नास्तिक क्यों हूँ?
34. भगत सिंह के राजनीतिक दस्तावेज़ पृ.16, 17, 19, 20, 23, 26, 32, 33, 34, 110, 135, 136, 138, 139, 141, 142, 144, 167, 168
35. सुजाता, महात्मा का अध्यात्म पृ. संख्या 8, 9, 11, 117, 118, 119
36. सुजाता, गाँधी की नैतिकता, 140, 141